Für Diktate üben 5

Annerose Friedrich
Irmhild Kleinert
Marianne Neudecker

westermann

Inhalt

Seite

Liebe Lehrerinnen, liebe Lehrer, liebe Eltern,

bevor Sie Ihren Schülerinnen und Schülern bzw. Ihren Kindern die Hefte zum Üben geben, sollten Sie bitte das mittlere Doppelblatt heraustrennen. Nur so ist gewährleistet, dass die weiteren Differenzierungsaufgaben und Kontrolltexte nicht vorzeitig zur Kenntnis genommen werden. Lösungen zur selbstständigen Kontrolle sind für die Schülerinnen und Schüler ab Seite 49 zu finden.

Liebe Schülerinnen und Schüler,

wir hoffen, dass ihr mit diesem Heft weiterhin viel Spaß an Rechtschreibübungen habt.

 Die Eule zeigt euch an, wenn eine Aufgabe etwas schwieriger ist oder ihr einen zusätzlichen Text verfassen sollt und dafür ein Blatt oder Heft benötigt.

Am Schluss des Übungsheftes könnt ihr nachschauen, ob ihr die Aufgaben richtig gelöst habt.

Viel Spaß!

1. Auflage Druck 5 4 3 2 1
Herstellungsjahr 2002 2001 2000 1999 1998
Alle Drucke dieser Auflage können im Unterricht parallel verwendet werden.

Verlagslektorat: Antje Weise
Lay-out und Herstellung: Sandra Grünberg
Druck und Bindung: westermann druck GmbH, Braunschweig

ISBN 3-14-**12 2075**-1

Der goldene Schlüssel

Vor langer Zeit lebte in einem kleinen Dorf auf einem einsamen Hof ein Geschwisterpaar. Jeden Morgen mussten sie zur Schule ins nächste Dorf.
Eines Tages, als sie wieder auf dem steinigen Weg zur Schule waren, hörten sie es plötzlich leise rascheln und eine piepsige Stimme rief: „Warum wollt ihr denn zur Schule gehen, kommt doch mit mir." Erschrocken schauten sich die Kinder um. Hinter einem großen Stein entdeckten sie ein winziges Männlein. Es blickte sie freundlich an und lud sie ein ihm in sein Reich zu folgen.
Fragend schaute der Junge seine Schwester an. Sie nickte aufmunternd, fasste ihn an der Hand und fröhlich folgten sie dem Zwerg. Er führte sie zu einem hohlen Baum. Davor lag im Gras ein goldener Schlüssel.

lebte, fragend, Geschwisterpaar, nächste, steinigen, piepsige Stimme, aufmunternd, rief, fasste, davor, mussten, jeden Morgen, wollt, erschrocken, blickte, entdeckten, lud, einsamen, plötzlich, nickte, waren, fröhlich, eines Tages, führte, Männlein

1 Unterstreiche im Text die Wörter aus dem Kasten!

2 In dem Text werden viele Nomen durch ein Wiewort (Adjektiv) genauer beschrieben.
Kreise zuerst die Wiewörter mit den Nomen ein!
Schreibe sie dann mit Begleiter (Artikel) und Nomen auf!

Achtung:
Nomen schreibt man groß.
Adjektive sind Wiewörter.
Man schreibt sie klein.

Beispiel:

die lange Zeit

ein kleines Dorf

ein ________________ Hof

________________ Dorf

________________ Weg

____

____

____

____

____

DER GOLDENE SCHLÜSSEL

VOR LANGER ZEIT LEBTE IN EINEM KLEINEN DORF AUF EINEM EINSAMEN HOF EIN GESCHWISTERPAAR. JEDEN MORGEN MUSSTEN SIE ZUR SCHULE INS NÄCHSTE DORF. EINES TAGES, ALS SIE WIEDER AUF DEM STEINIGEN WEG ZUR SCHULE WAREN, HÖRTEN SIE ES PLÖTZLICH LEISE RASCHELN UND EINE PIEPSIGE STIMME RIEF: „WARUM WOLLT IHR DENN ZUR SCHULE GEHEN, KOMMT DOCH MIT MIR." ERSCHROCKEN SCHAUTEN SICH DIE KINDER UM. HINTER EINEM GROẞEN STEIN ENTDECKTEN SIE EIN WINZIGES MÄNNLEIN. ES BLICKTE SIE FREUNDLICH AN UND LUD SIE EIN IHM IN SEIN REICH ZU FOLGEN. FRAGEND SCHAUTE DER JUNGE SEINE SCHWESTER AN. SIE NICKTE AUFMUNTERND, FASSTE IHN AN DER HAND UND FRÖHLICH FOLGTEN SIE DEM ZWERG. ER FÜHRTE SIE ZU EINEM HOHLEN BAUM. DAVOR LAG IM GRAS EIN GOLDENER SCHLÜSSEL.

3 Schreibe den Text jetzt richtig ab. Unterstreiche zunächst die Satzanfänge und Nomen. Dann weißt du, welche Wörter groß geschrieben werden.

4 Schreibe die Verben aus dem Verbensack in die Tabelle.
Ordne jedem Verb die Vergangenheitsform (Präteritum) zu.

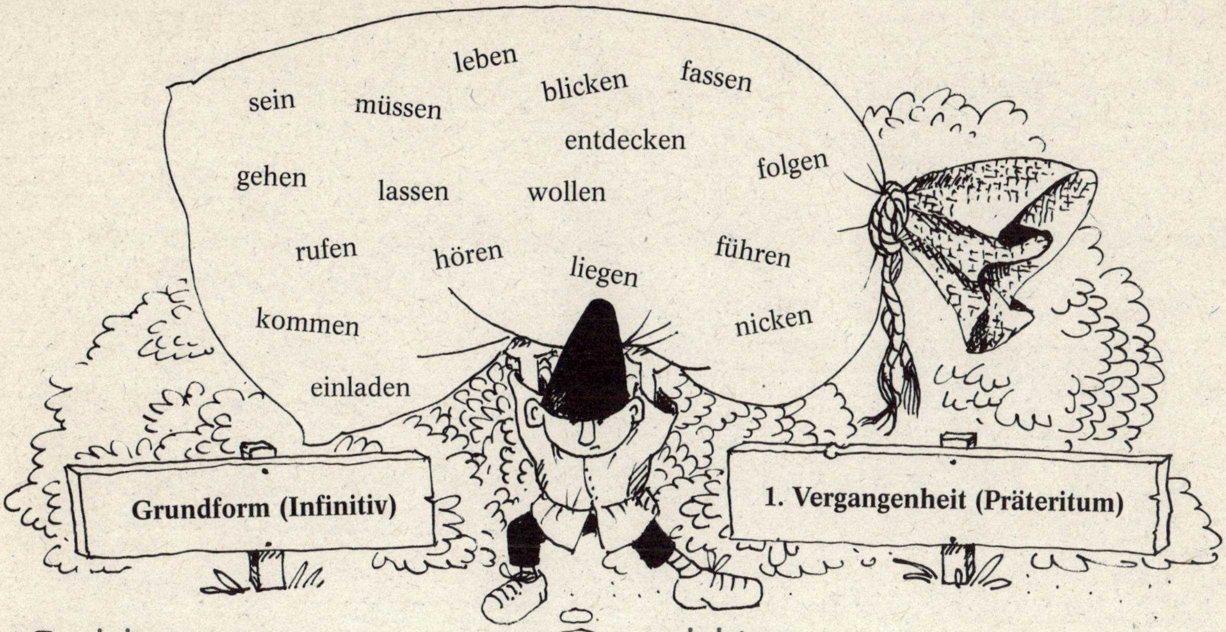

Grundform (Infinitiv)	1. Vergangenheit (Präteritum)
leben	er lebte
	sie
	wir

5 Welches Wort passt in die Lücken? Es sind immer zwei Personen oder Dinge.

Vater und Mutter sind ein _ _ t _ _ _ _ _ _ _ _ _.

Bruder und Schwester sind ein _ _ _ _ _ _ w _ _ _ _ _ _ _ _ _ _ _ _ _.

Zwei Socken, die zusammen gehören, sind ein _ _ ck _ _ _ _ _ _ _ _.

Zwei, die ganz besonders gut zueinander passen, nennt man ein _ r _ _ _ _ _ _ _ _ _ _.

Mann und Frau, die verheiratet sind, sind ein _ h _ _ _ _ _ _ _.

Zwei Menschen, die gerade heiraten, nennt man B _ _ _ _ _ _ _ _ _ _ _.

oder _ _ _ _ _ z _ _ _ _ _ _ _ _ _ _ _.

6 Bilde mit den nachstehenden Verben das Partizip, wie unten im Beispiel.

Grundform (Infinitiv)	Partizip
aufmuntern	aufmunternd
leben	lebend
fragen	
rascheln	
kommen	
schauen	
entdecken	
einladen	
folgen	
nicken	
führen	
liegen	
tanzen	

7 Einige Wörter (Partizipien) aus Aufgabe 6 passen in folgende Sätze.

Ein winziges Weiblein blickt die Prinzessin ____________________ an.

Die Hexe streckte ____________________ die Hand aus.

Das Männlein verschwand mit dem Kopf ____________________ in einem hohlen Baum.

Der Spur ____________________ kamen die Kinder wieder nach Hause.

Unter dem Baum ____________________ entdeckte er ein Vogelnest.

Die Kinder schauten den Zauberer ____________________ an.

Die Zwerge liefen ____________________ durch das Laub.

8 Sortiere die Wörter in Wortfamilien und schreibe diese in die Schatzkisten!
Kreise zuerst die zusammengehörenden Wörter mit der gleichen Farbe ein.
Achtung! Ein Wort passt nicht!

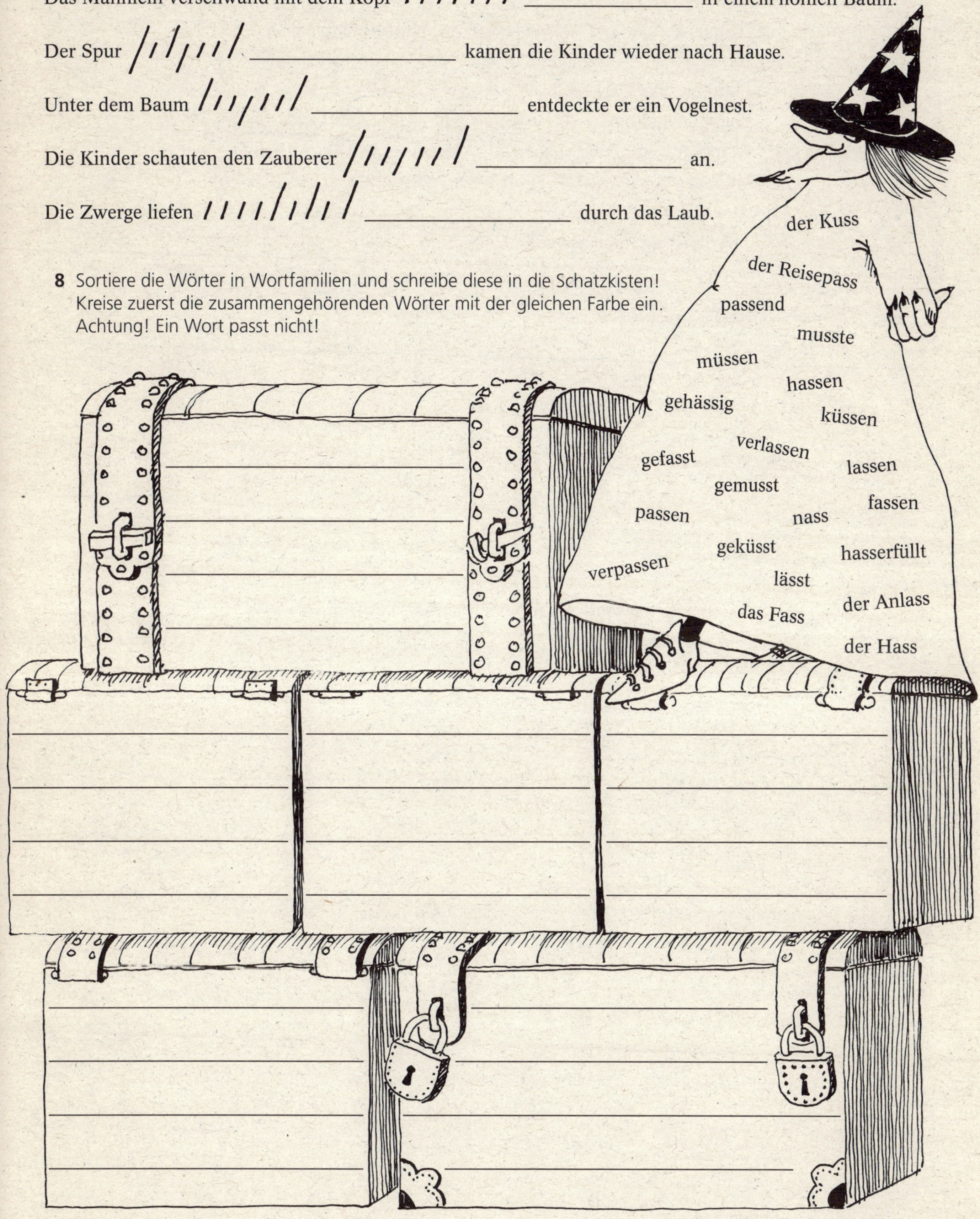

Die Elefantenjagd

Imo und Keno waren im Wald und suchten Beeren und Früchte. Ihr Korb war schon halb voll. Da erblickte Imo plötzlich auf dem Waldboden Spuren. Er bückte sich um sie genauer zu sehen. Erschrocken rief er seinen Freund und zeigte ihm seine Entdeckung. Beide waren überzeugt, dass es Elefantenspuren waren. Schnell liefen sie zu ihrer Wohnhöhle. Ein Waldelefant bedeutete für die Horde Nahrung für lange Zeit, warme Kleidung und Material für Werkzeug, Waffen und Schmuck. Lange hatte die Horde keinen Waldelefanten mehr gefangen. Als Imo und Keno die Männer vor der Höhle sahen, schrien sie aufgeregt: „Ein Elefant! Ein Elefant!“ Die Männer ließen ihre Arbeit liegen und folgten den Jungen zu der Fundstelle. Sofort untersuchten sie, wohin die Spuren führten und woher sie kamen. Am gleichen Abend plante die Horde die schwierige und gefährliche Elefantenjagd.

Fundstelle, überzeugt, erschrocken, waren, schwierige, gefährliche, Beeren, Wohnhöhle, Korb, Material, erblickte, bückte, führten, Nahrung, schrien, halb, Werkzeug, ließen, Spuren, plötzlich

1 Suche die Wörter aus dem Stein im Text und unterstreiche sie dort.

2 Suche das passende Nomen oder Verb.

Nomen mit Artikel	Verben im Infinitiv
______________	jagen
der Blick	______________
der Schrei	______________
______________	gefährden
______________	entdecken
der Plan	______________
______________	ernähren
der Fund	______________
______________	versammeln
______________	schmücken
die Führung	______________

Schreibe vier Verben deiner Wahl in den Personalformen (ich, du, er/sie/es) im Präsens auf.

3 Bilde zu den Grundformen der Verben aus Aufgabe 2 die Vergangenheitsform und schreibe sie beide auf.

Grundform (Infinitiv)	**Vergangenheit (Präteritum)**
	du
	sie
	ich
	wir
	es
	du
	sie
	ihr
	wir
	es
	sie

4 Die Menschen sammelten ab dieser frühen Zeit verschiedene Früchte.
Beschrifte die gezeichneten Beeren.

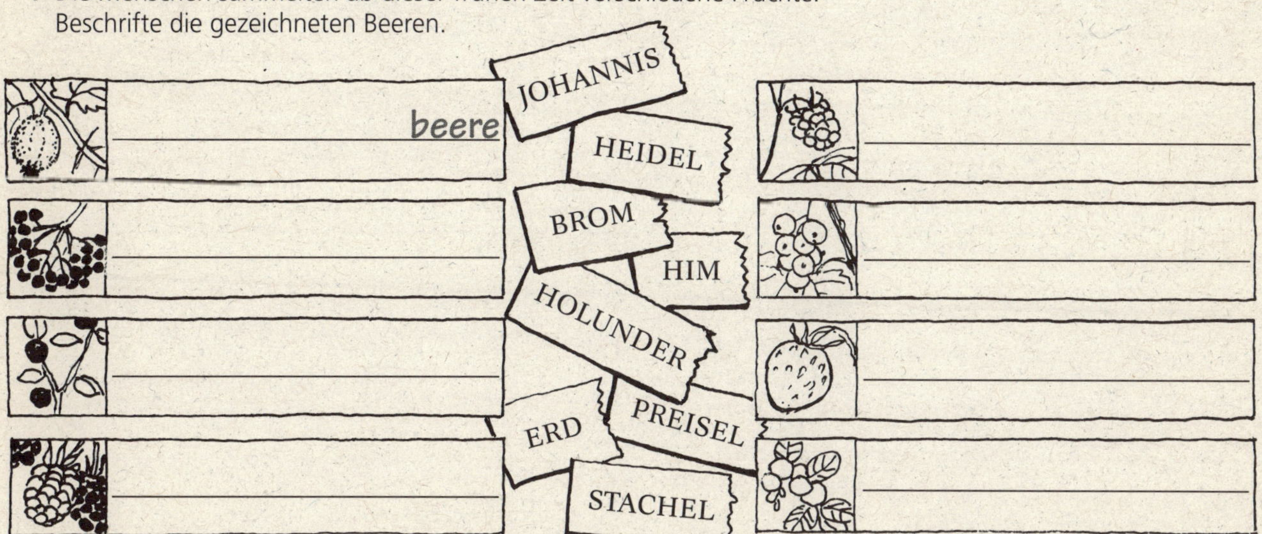

5 Ordne die folgenden Wörter nach dem Alphabet.
Schreibe zuerst 1–6 in die Steine und dann die Wörter geordnet daneben.

erblickte ______	erschrocken ______
Blick ______	Schreck ______
Augenblick ______	aufschrecken ______
augenblicklich ______	schrecklich ______
Blickrichtung ______	schreckhaft ______
Anblick ______	erschreckte ______
führten ______	plante ______
geführt ______	Plan ______
Führung ______	Stundenplan ______
ausführen ______	planlos ______
eingeführt ______	Spielplan ______
Anführer ______	einplanen ______

6 Suche zu den Nomen aus dem Elefanten ein passendes Wiewort (Adjektiv) aus dem Bären und schreibe beide zusammen mit Begleiter (Artikel) auf.

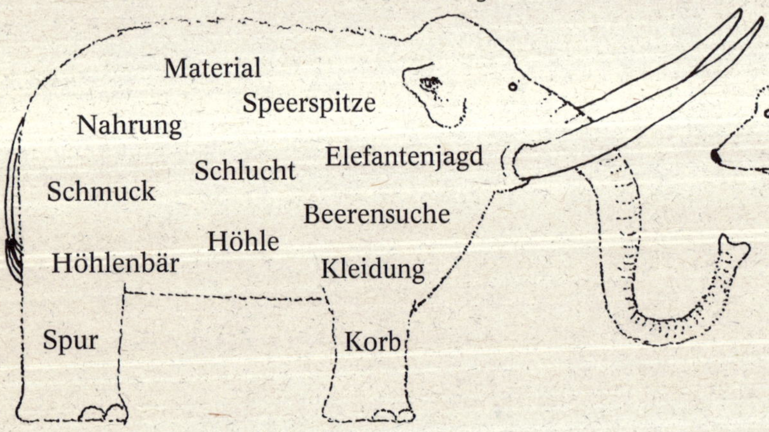

______

______

______

______

______

Fallen dir auch noch andere Adjektive ein, die zu den Nomen passen? Schreibe sie auf.

7 Partnerarbeit – Diktiert euch zwei Sätze aus dem Text von Seite 8. Kontrolliert selbst.

8 Bilde Sätze, die sich reimen. Du kannst dir die Reimwörter aus den Beispielen aussuchen.

Schreibe ein Steinzeitgedicht.

9 Wörterrätsel

1. Fußabdrücke auf dem Boden
2. eine Wohnung im Felsen
3. eine wichtige Aufgabe der Männer in der Steinzeit
4. Früchte an Sträuchern
5. Ausgrabungsort
6. man braucht es, um etwas herzustellen
7. ohne sie verhungert man
8. Sammelbehälter für Früchte
9. Geräte zum Arbeiten
10. eine Gruppe von Steinzeitmenschen

10 Vervollständige die Sätze.

Die Jäger der Horde saßen beim Feuer und erzählten von ihren Jag**d**erlebnissen.

Timo war auf der Bärenjagd.

Keno ______

Urs ______

Roka ______

Als das Feuer langsam niedergebrannt war, bestimmte Urs, der Anführer, was in der nächsten Zeit gejag**t** werden sollte.

Imo jagt ______

Turo ______

Selgo ______

Keno und Mano ______

11 Setze Nomen oder Verbformen aus der Familie jagen ein.

Einige Tage später kam Selgo von der Wildschwein__________ zurück. Lange Zeit hatte er in seinem Versteck auf Wildschweine gewartet und schließlich Enten __________. Plötzlich knackte es im Gebüsch. Sollte es doch noch etwas mit der __________ werden?

Ganz in der Nähe erblickte er einen gefährlichen Keiler. Selgo nahm leise seine __________waffe in die Hand, doch der Keiler verschwand. Der Jäger kroch aus seinem Versteck und lief hinterher. Fest hielt er seinen Speer in der Hand. Er __________ das Tier den ganzen Tag. Endlich erlegte er den erschöpften Keiler. Noch nie hatte Selgo ein Tier so lange __________, aber die __________ hatte sich gelohnt.

12 Schreibe den Text von Aufgabe 11 ab.

Denke dir eine Jagderzählung für einen anderen Jäger aus. Schreibe sie auf.

Zauberei

„Macht es gut!“, ruft Frau Schneider ihren beiden Mädchen zu und fährt zum Arzt. Ärgerlich schaut Katrin hinter ihr her. Seit Mutter krank ist, muss sie immer auf Tine, ihre kleine Schwester, aufpassen. Und schon ruft Tine: „Katrin, was spielen wir?“
„Wenn ich das nur wüsste“, denkt Katrin: Sie geht in ihr Zimmer und bemerkt das Geschenk ihres Vaters auf dem Schreibtisch. Da hat sie eine Idee. Sie besorgt sich Pappe und einen Groschen. Schnell zieht sie ein schwarzes T-Shirt an und setzt sich den Zauberhut auf. „Abrakadabra, die Vorstellung beginnt!“, ruft sie laut. Tine setzt sich und schaut gespannt auf Katrins große Pappe. Was sie sieht, kann sie kaum glauben.
Ein Groschen sitzt an der senkrechten Pappe und fällt nicht herunter. Plötzlich bewegt er sich, wandert hinauf, dreht eine Kurve und bleibt in der Mitte stehen. Tine will den Zaubertrick immer wieder sehen. Katrin lässt den Groschen jedes Mal neue Figuren tanzen. Dabei passt sie auf, dass Tine ihren Magneten hinter der Pappe nicht entdeckt.

ärgerlich, entdeckt, Zaubertrick, lässt, aufpassen, Kurve, Groschen, beginnt, T-Shirt, Vorstellung, gespannt, setzt, Pappe, Figuren, senkrecht, Arzt, dreht, jedes Mal, Magnet, tanzen, Zauberhut, herunter, Idee, Geschenk

1 Unterstreiche die Wörter aus dem Kasten im Text.

2 Wie heißen die Wörter? Schreibe sie daneben.
Du findest sie im Kasten von Aufgabe 1.

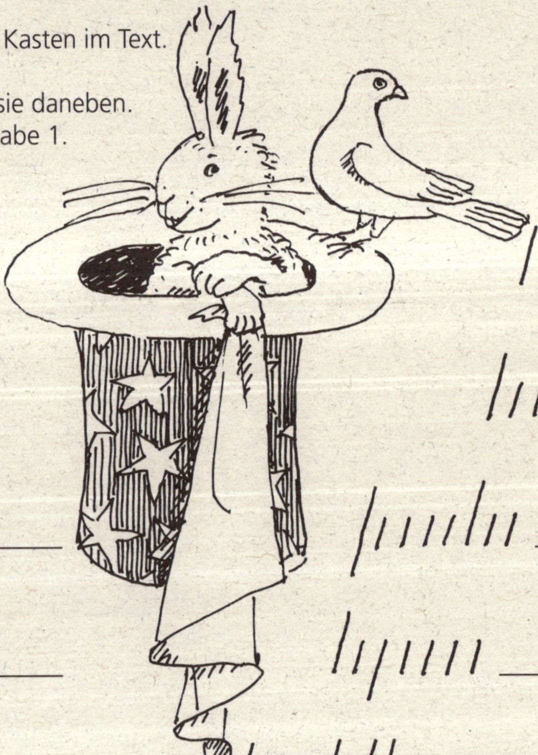

3 Kreise alle Verben im Text ein. Du findest sie auch unten im Magnetberg.

4 Im Magnetberg sind die Gegenwartsformen (Präsens) der Verben aus dem Text eingeschlossen. Die Vergangenheitsformen (Präteritum) werden vom Berg angezogen. Suche die Pärchen, streiche sie durch und schreibe sie auf.

ruft – rief,

5 Schreibe den Text von Aufgabe 1 in der Vergangenheit (im Präteritum) auf.

„Macht es gut!", rief Frau Schneider

6 Setze in den Text die Verben aus dem Stabmagneten ein.

beginnen	rennen	entspannen	können	erkennen	gewinnen
nennen	erinnern	brennen	kommen	können	

Paul und Paula kommen aus der Pause _ _ _ _ _ _ _ _. Die Physikstunde _ _ _ _ _ _ _ _. Der Lehrer behauptet, dass er zaubern _ _ _ _. Paul _ _ _ _ _ _ _ _ seine Chance und setzt dagegen. Der Lehrer _ _ _ _ _ _ die Versuchsbedingungen. Sofort _ _ _ _ _ _ _ _ _ sich Paul an eigene Versuche mit seinem Stabmagneten. Er _ _ _ _ _ _ _ diesen Versuch selbst vorführen. Während die anderen gespannt dem Lehrer zuschauen, lehnt er sich _ _ _ _ _ _ _ _ _ _ _ zurück. Er _ _ _ _ _ _ _ darauf, den Trick aufzudecken. Auf ein Zeichen des Lehrers _ _ _ _ _ _ er nach vorne und wiederholt den Versuch. „Ich habe nicht geglaubt, dass du _ _ _ _ _ _ _ _ _ _“, sagt der Lehrer.

7 Je fünf Wörter sind verwandt. Verbinde sie und schreibe sie unten auf.

ärgerlich · verärgert · ärgern · Ärger · Ärgernis · senkrecht · versenken · Senkblei · dreht · Senkfuß · Drehung · versenkt · Drehangel · entdeckt · verdreht · Entdecker · aufdrehen · entdeckte · Entdeckung · entdecken

Findest du noch mehr Verwandte?

8 Wie viele Wörter findest du? Male sie an und schreibe sie auf.
Nimm nur Wörter, die mindestens drei Buchstaben haben.

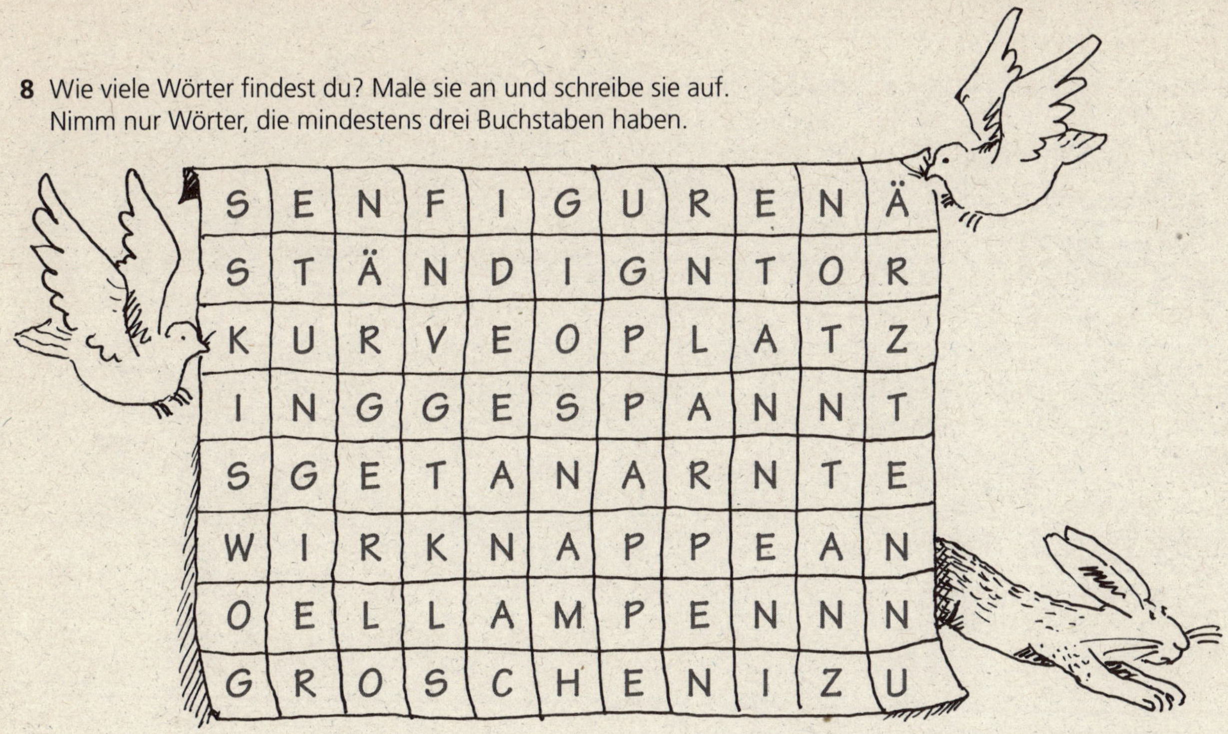

S	E	N	F	I	G	U	R	E	N	Ä
S	T	Ä	N	D	I	G	N	T	O	R
K	U	R	V	E	O	P	L	A	T	Z
I	N	G	G	E	S	P	A	N	N	T
S	G	E	T	A	N	A	R	N	T	E
W	I	R	K	N	A	P	P	E	A	N
O	E	L	L	A	M	P	E	N	N	N
G	R	O	S	C	H	E	N	I	Z	U

9 Trenne die Wörter mit Strichen ab. Setze nach jedem Satz einen Punkt und schreibe den Text unten auf.

STÄNDIGDREHTSICHDERMAGNETDUMUSSTAUFPASSENGLEICHFÄLL
TERHERUNTERKATRINLÄSSTDENGROSCHENJEDESMALNEUEFIGUR
ENTANZENSIEMUSSAUFPASSENDENNBEIMÜBENFIELDERGROSCHE
NSTÄNDIGHERUNTER

10 Wer fängt die meisten Fische? Schreibe auf wie im Beispiel.

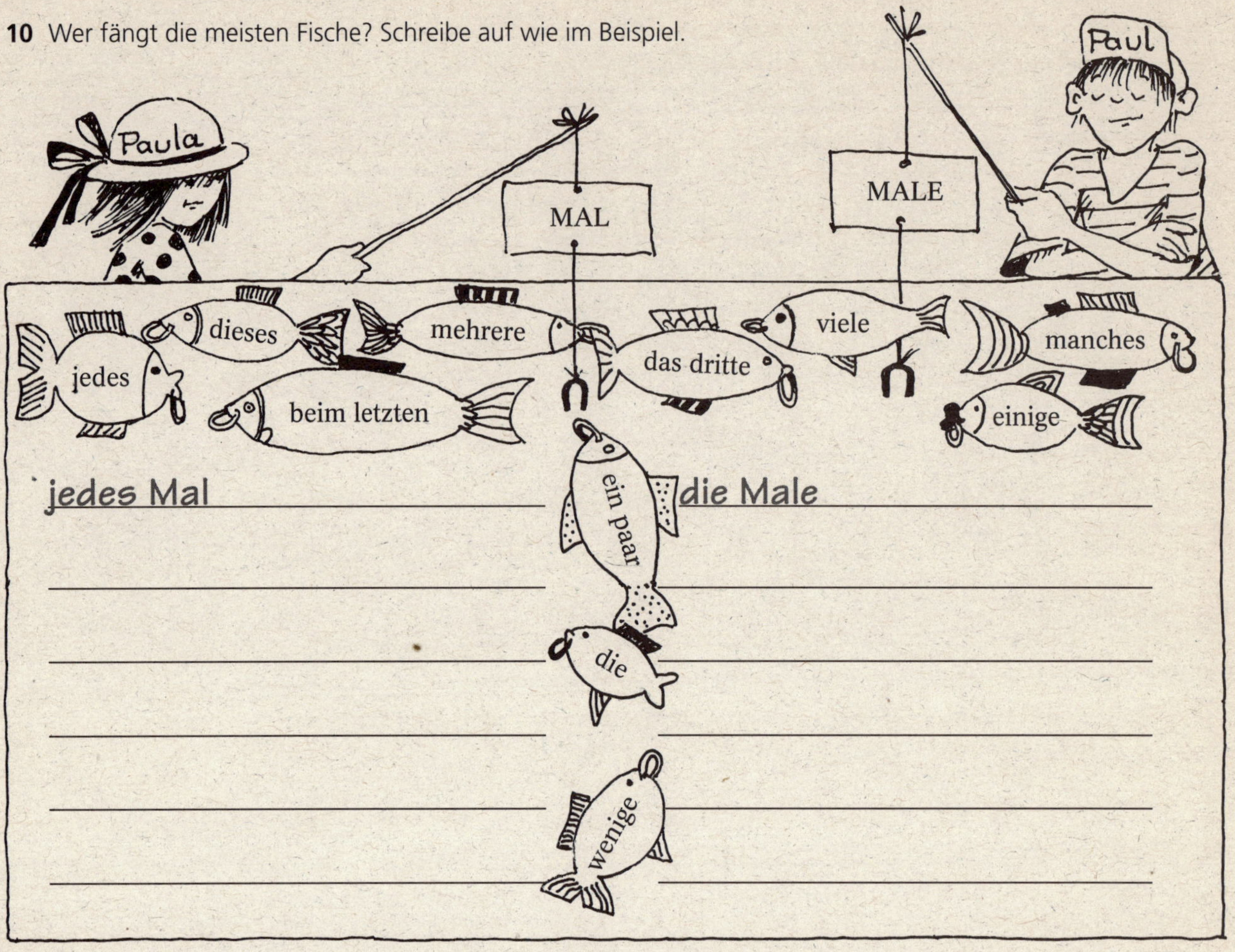

jedes Mal

die Male

Schreibe ein Gespräch auf. Verwende die Wörter aus Aufgabe 10.

„Beim letzten Mal habe ich mehr Fische gefangen als dieses Mal."

11 Aus diesen Wörtern kannst du zusammengesetzte Nomen mit dem Wort Magnet bilden.
Achtung: Dreimal steht das Wort Magnet hinten.

12 Schreibe alle Verben auf die Linien im Norden und im Süden, die Adjektive auf die Linien im Westen und die Nomen in den Osten.

Fledermäuse bereiten sich auf den Winter vor

Es dämmert schon. Der Biologe Klaus Grün sitzt in seinem Garten und genießt den Herbstabend. Plötzlich fliegt ein Schatten über seinen Kopf. Sofort denkt er an Fledermäuse und bleibt still sitzen. Wieder und wieder kreist das Tier über ihm und flattert an den Bäumen entlang. Schon immer hat ihn interessiert, wie die Fledermäuse sich im Dunkeln zurechtfinden. Sie orientieren sich mit Ultraschall. In kurzen Abständen stoßen sie für uns unhörbare, sehr hohe Töne aus. Treffen die Töne auf Gegenstände, werden sie zurückgeworfen. Mit ihren großen Ohrmuscheln fangen die Fledermäuse das Echo auf. Kommt der Schall schnell zurück, ist das Hindernis ganz nah. Auf diese Weise orten sie auch die Insekten. Klaus Grün weiß, dass Fledermäuse sich im Herbst einen Fettvorrat anfressen. Im Winter leben sie davon. Sie hängen dann in ihrem Winterquartier kopfunter an der Decke und schlafen bis zum Frühling.

Fledermäuse, hängen, Ohrmuscheln, Biologe, denkt, kopfunter, flattert, im Dunkeln, Fettvorrat, zurechtfinden, genießt, orientieren, Hindernis, kurzen Abständen, unhörbare, Insekten, davon, hohe Töne, Winterquartier, nah, Gegenstände, interessiert, zurückgeworfen, dämmert, Echo, Herbstabend, entlang, Schall, orten, anfressen, kreist, Ultraschall

1 Kreise die Verben im Gebüsch ein.
Suche die übrigen Wörter aus dem Gebüsch im Text und unterstreiche sie dort.

2 Suche lange Nomen im Text und schreibe sie in die passenden Kästchen.
Schreibe die Artikel davor.

							Ä	U					
				S	T								
				A	S	C	H						
					S	T							
	H	R											
				V	O								
			T	E									

3 Ordne die Wörter aus dem Gebüsch von Aufgabe 1 in die Tabelle ein.

Nomen mit Begleiter	Verben im Infinitiv	andere Wortarten

4 Verben werden manchmal auch getrennt geschrieben.
Du wirst es merken, wenn du damit die Lücken in den Sätzen ausfüllst.

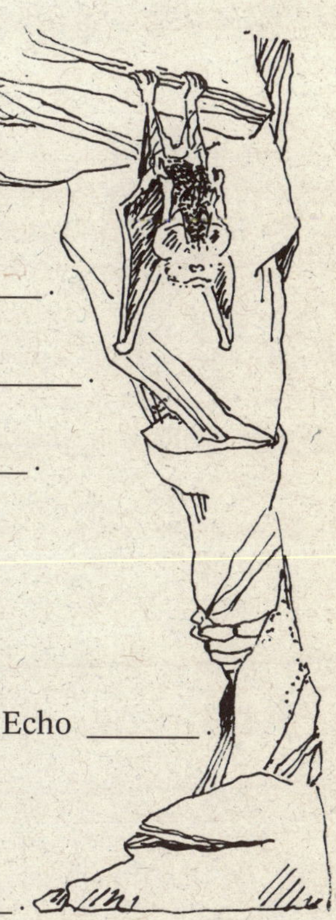

vor**bereiten** — Die Fledermäuse ___________ sich auf den Winter _____.

entlang**flattern** — Ein Tier ___________ an den Bäumen ______________.

zurecht**finden** — Fledermäuse _________ sich im Dunkeln ___________.

aus**stoßen** — Sie ___________ unhörbare Töne _____.

zurück**werfen** — Gegenstände ___________ die Töne ___________.

auf**fangen** — Die großen Ohrmuscheln der Fledermäuse _________ das Echo _____.

zurück**kommen** — Der Schall ___________ ___________.

an**fressen** — Die Fledermäuse _________ sich einen Fettvorrat _____.

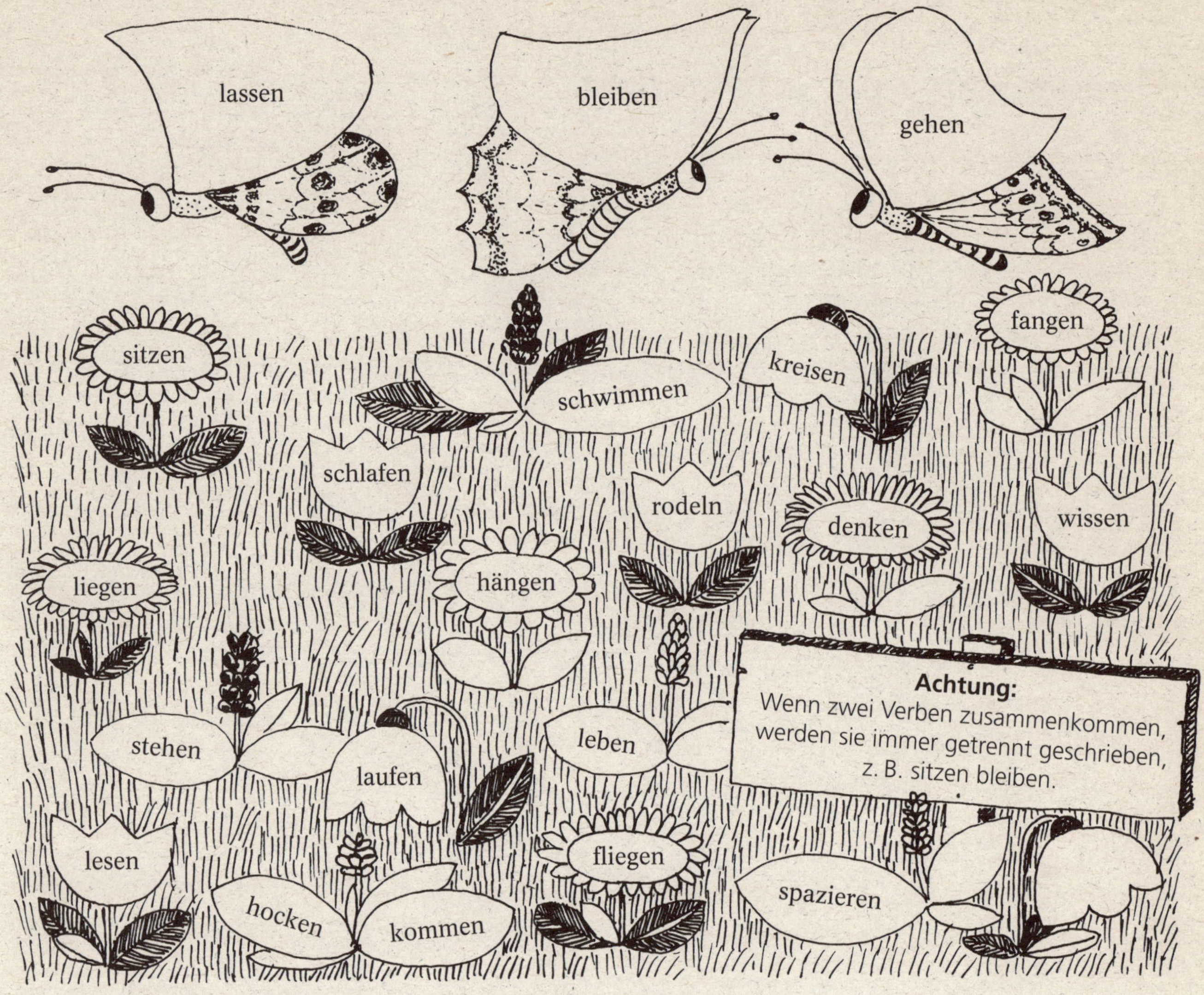

5 Welche Blumen werden von den verschiedenen Schmetterlingen besucht?
Schreibe die Verbenpärchen auf.

Im Text von Seite 20 ist eins von diesen Verbenpärchen versteckt.
Suche den Satz und schreibe ihn unten auf.

6 Grenze die Nomen aus der Buchstabenreihe durch einen Strich ab. Es sind elf.
Schreibe sie unten mit Artikel in der Einzahl (Singular) und in der Mehrzahl (Plural) auf.

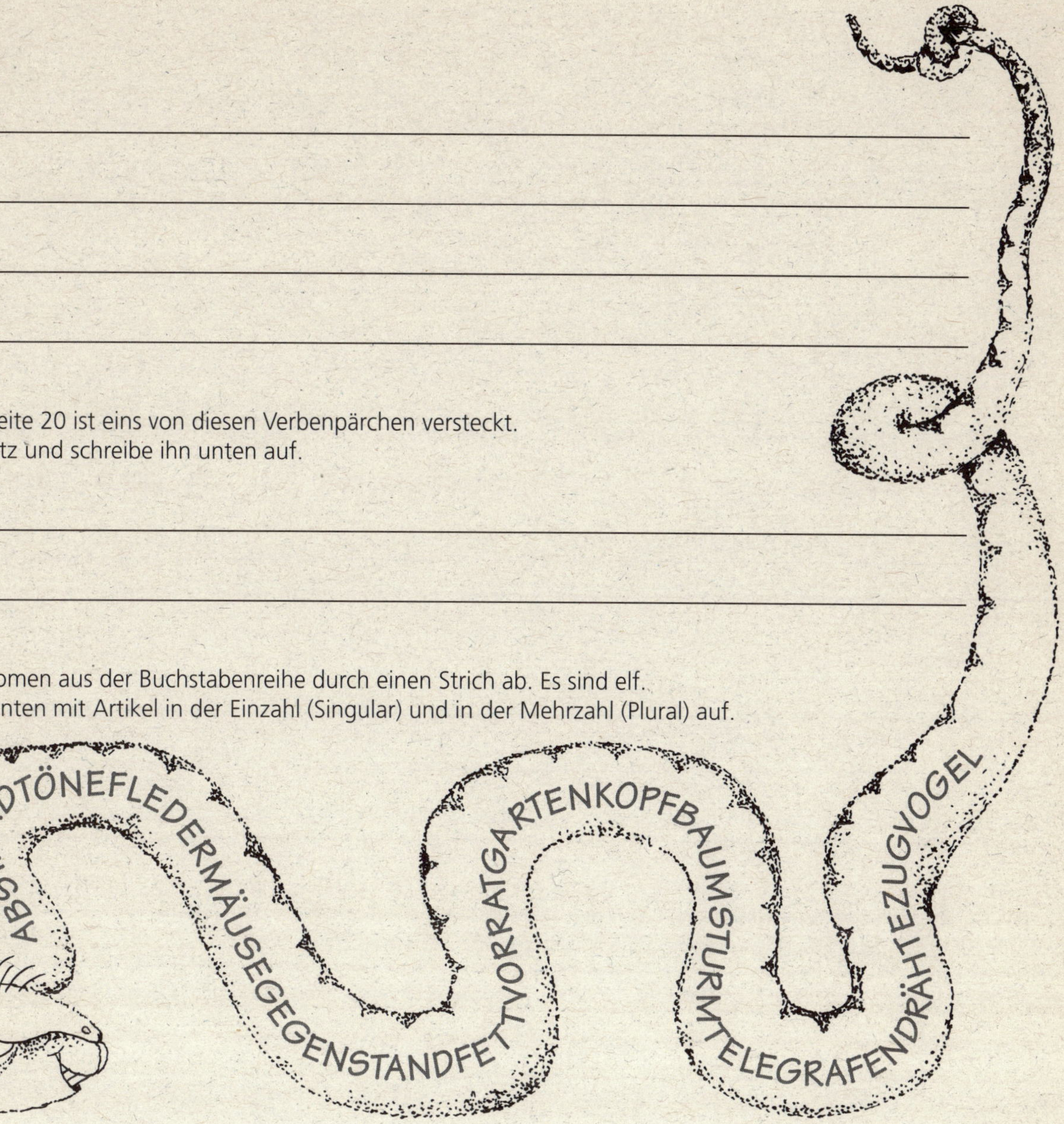

der Abstand – die Abstände,

7 Kannst du den Text entziffern? Einige Wörter sind in Geheimschrift geschrieben.
Schreibe den Text unten richtig auf.

Der EGOLOIB jagt bei Tag nach NETKESNI. Er sieht einen Schmetterling, springt über das SINREDNIH und fängt ihn mit dem Kescher. Die ESUÄMREDELF jagen MI NLEKNUD nach NETKESNI. Sie stoßen EHOH ENÖT aus und fangen das OHCE auf. So NETRO sie ihre Beutetiere und fangen sie im Flug.

8 Der Herbststurm hat die Blätter durcheinander gewirbelt.
Schreibe sie nach dem Alphabet geordnet auf.

1.
2.
3.
4.
5.
6.
7.
8.
9.
10.
11.
12.
13.
14.
15.
16.
17.
18.

9 Bilde aus zwei Sätzen einen, indem du sie mit „wenn“ verbindest.

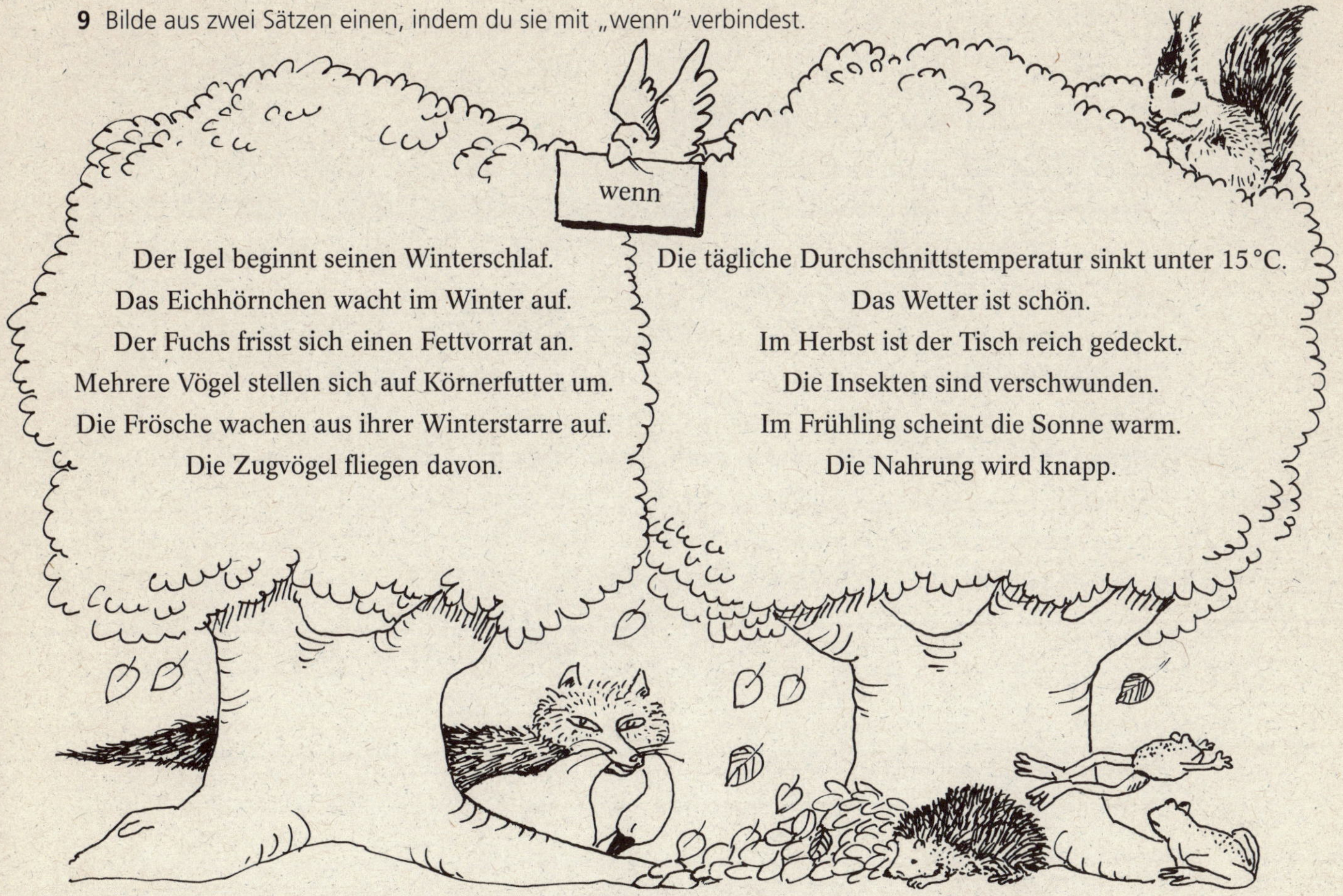

Der Igel beginnt seinen Winterschlaf.
Das Eichhörnchen wacht im Winter auf.
Der Fuchs frisst sich einen Fettvorrat an.
Mehrere Vögel stellen sich auf Körnerfutter um.
Die Frösche wachen aus ihrer Winterstarre auf.
Die Zugvögel fliegen davon.

Die tägliche Durchschnittstemperatur sinkt unter 15 °C.
Das Wetter ist schön.
Im Herbst ist der Tisch reich gedeckt.
Die Insekten sind verschwunden.
Im Frühling scheint die Sonne warm.
Die Nahrung wird knapp.

Der Igel beginnt seinen Winterschlaf, wenn die tägliche Durchschnitts-
temperatur unter 15 °C sinkt.

Wie überwintern Fledermäuse, Störche, Rehe, Kröten?
Bilde Sätze mit „wenn“ wie in Aufgabe 9. Du kannst im Biologiebuch nachschauen.

Katrin wünscht sich ein Haustier

Katrin hatte bald Geburtstag. Ihre Mutter fragte: „Katrin, hast du einen besonderen Wunsch?" „Oh ja, ich wünsche mir ein Haustier!", drängte Katrin. Entsetzt rief die Mutter: „Mädchen, dafür haben wir keinen Platz! Wo sollen wir einen Esel unterbringen oder Hühner oder gar ein Schwein?" Die Mutter hatte irgendwann in der Zeitung gelesen, dass Leute versucht hatten in ihrer neuen Mietwohnung eine Gans zu halten. Das hatte viel Ärger mit den anderen Mietern im Haus gegeben. Die muntere Gans schnatterte, wenn sie nicht schnattern sollte, und sie zwickte häufig Besucher in die Beine oder zischte sie an. So trauten sich viele Leute gar nicht mehr zu Besuch zu kommen. An diese Geschichte dachte Katrins Mutter. Nein, ein Haustier kam nicht in Frage. Aber Katrin hatte nicht an ein Pferd, eine Kuh oder einen Esel gedacht, auch nicht an Hühner, Enten oder Gänse.

Gans, drängte, Zeitung, irgendwann, Mietern, besonderen, zwickte, schnatterte, muntere, gar nicht mehr, häufig, entsetzt, Mietwohnung, Geburtstag, zischte, trauten, Platz, kam in Frage

Achtung!
Gar nicht wird gar nicht zusammengeschrieben.

1 Unterstreiche im Text die Wörter aus dem Kasten.

2 Setze den Namen eines Tieres mit einem Wort aus dem Misthaufen zusammen. Schreibe sie mit Begleiter (Artikel) auf.

____

____

____

Differenzierungsaufgaben für das weitere Üben vor einem Diktat

Zu „Der goldene Schlüssel“

Ordne jedem Nomen ein Wiewort (Adjektiv) zu. Beispiel: der steinige Boden

Adjektive: einsam, seltsam, langsam, steinig, piepsig, winzig, hohl, schwer, golden, fröhlich, glücklich, freundlich
Nomen: der Boden, die Kinder, die Hütte, der Baumstamm, die Vogelstimme, der Zauberer, das Weiblein, die Schnecke, die Kiste, das Männlein, die Kette, die Höhle

Zu „Die Elefantenjagd“

Ordne die folgenden Wörter nach Wortfamilien.

das Versteck, schwierig, der Speerwurf, versammelt, bekommen, der Wegweiser, gefährden, verstecken, nahrhaft, der Speer, bekam, die Gefahr, unwegsam, die Nahrung, die Schwierigkeit, die Speerspitze, versteckt, die Sammlung, sich ernähren, die Versammlung, der Rückweg, gefährlich

Zu „Zauberei“

Unterstreiche alle Wörter mit ß, schreibe sie heraus und kreise das ß farbig ein.

Der dicke Kloß kriegt einen Stoß und rollt los. Er kullert über die Straße Pauline vor die Füße und ruft: „Ich grüße!“ Pauline ruft entzückt: „Wie bist du süß! Ich werd’ verrückt. Was machst du hier draußen? Du gehörst auf den Tisch zum gebackenen Fisch. So macht es Spaß, dich zu genießen und mit heißer Soße zu übergießen.“ Schon spießt sie ihn auf und trägt ihn hinauf.

Zu „Fledermäuse bereiten sich auf den Winter vor“

Bilde zu folgenden Nomen die Mehrzahl (Plural) und schreibe beide Formen auf.

das Quadrat, die Qual, die Qualle, das Quartett, das Quartier, die Quelle, die Quittung
Beispiel: das Quadrat – die Quadrate

Bilde zu folgenden Verbformen die Grundform (Infinitiv) und die Vergangenheit (Präteritum).

er quakt, sie quält sich, ich quatsche, sie quetschen, du quiekst, es quietscht
Beispiel: er quakt – quaken, er quakte

Zu „Katrin wünscht sich ein Haustier“

Schreibe die in Silben getrennten Wörter ohne Trennstrich auf und übe sie.

Fens-ter-bank, Blu-men-beet, schnurr-te, lau-er-te, plötz-lich, rühr-te, lang-sam, in-te-res-sier-te, ent-deckt, sonn-te, duck-te, spa-zier-te, be-ob-ach-te-te, vor-wärts, an-ge-spannt, he-ran-zu-ge-hen, er-schreckt, laut-los, drau-ßen

Zu „Stromausfall“

Schreibe den Text in der Gegenwart (Präsens) auf. Übe die Wörter, die du noch nicht sicher schreiben kannst.

Georg ging zu Fuß zu seinem Freund Tim. Er fuhr mit dem Fahrstuhl in den vierten Stock. Die Wohnungstür war geschlossen. Er klingelte und wartete gespannt. Tim öffnete und nahm Georg mit in sein Zimmer. Sie wollten sich ein Video ansehen. Plötzlich ging der Fernseher aus. Vielleicht war irgendwo ein Kurzschluss in der Leitung. Schade, dachten die Zwei.

Zu „Das Leben am Polarkreis“

Die Wörter rechts sind im Buchstabengitter versteckt. Suche und markiere sie.

U	Z	Z	W	A	L	R	O	S	S
G	S	E	F	F	I	G	U	R	S
I	G	L	U	K	K	Ü	S	T	E
L	L	T	K	O	R	G	R	G	R
P	O	L	A	R	M	E	E	R	S
E	N	X	N	Z	O	B	N	O	B
L	N	M	I	B	T	N	T	B	M
Z	T	Z	N	R	O	B	I	B	N
E	R	M	C	R	R	C	E	E	B
S	B	C	H	H	N	S	R	N	S
R	H	G	E	W	E	I	H	H	N
T	N	B	N	L	M	C	C	B	M
T	O	U	R	I	S	T	N	Z	R

Zelt
Iglu
Küste
Pelze
Motor
Iglu
Polarmeer
Kaninchen
Robbe
Geweih
Walross
Rentier
Tourist
Figur

Zu „Freizeit“

Schreibe den Text in Schreibschrift ab.

DER RUDERVEREIN HAT IM VEREINSHAUS VIELE BOOTE UNTERGEBRACHT. VOR DEM WETTKAMPF HOLT SICH JEDE MANNSCHAFT IHR BOOT. ES GIBT ZWEIERBOOTE, VIERERBOOTE ODER ACHTERBOOTE. DER TRAINER BEGLEITET DIE MANNSCHAFTEN. NACH DEM STARTZEICHEN MUSS GLEICH DER RICHTIGE TAKT BEIM RUDERN GEFUNDEN WERDEN. KURZ VOR DEM ZIEL WERDEN DIE RUDERSCHLÄGE IMMER SCHNELLER UND DIE ZUSCHAUER KLATSCHEN BEGEISTERT BEIFALL.

Diktat zu „Der goldene Schlüssel“

Der Junge hob den Schlüssel auf und schaute das Männlein fragend an. Dieses lächelte aufmunternd und zeigte auf ein kleines Loch im Baumstamm. Das hatten die Geschwister noch nicht entdeckt. Der Schlüssel passte genau hinein und ließ sich leicht drehen. Der Baumstamm öffnete sich und sie erblickten eine seltsame Höhle. Auf dem Fußboden stand eine große Kiste. Die Kinder wollten sie öffnen. Plötzlich rief jemand mit piepsiger Stimme: „Rettet mich!“ Die Stimme kam aus der Kiste. Um den schweren Deckel zu heben (,) mussten sich die Kinder gewaltig anstrengen. Ein winziges Weiblein kletterte heraus. Fröhlich ging es auf die Kinder zu und sprach: „Ihr habt mich erlöst. Ein böser Zauberer hatte mich hier eingeschlossen.“ Dann lief es auf das Männlein zu und fiel ihm glücklich um den Hals.

(127 Wörter)

Diktat zu „Die Elefantenjagd“

Die gefährliche Jagd auf den Elefanten musste gut geplant werden. Die Jäger versammelten sich um das Feuer. Es würde schwierig werden und alle mussten mithelfen. Kein Jäger durfte im Lager bleiben. Zunächst wurden die Jagdwaffen hergerichtet. Somin wollte neue Speerspitzen aus Feuerstein schlagen. Sura bereitete einen Jagdzauber vor (,) um die Hilfe von den Geistern zu bekommen.
Am nächsten Tag versammelte Urs die Jäger und besprach mit ihnen ihre Aufgaben. Sie wollten den Elefanten auf seinem Weg zur Wasserstelle abfangen. Einige Jäger sollten von oben Steine in die Schlucht werfen (,) um dem Tier den Rückweg abzuschneiden. Die anderen Jäger sollten in ihren Verstecken auf das Zeichen von Urs warten und erst dann ihre Speere werfen. Alle hofften, dass ihr Plan gelingen würde. So würden sie Nahrung für viele Monate bekommen.

(129 Wörter)

Diktat zu „Zauberei“

Katrin freut sich auf die Physikstunde. Sie denkt an den Zaubertrick, den sie gestern mit einem Groschen, einer Pappe und einem Magneten ihrer kleinen Schwester vorgeführt hat. Heute will sie gut aufpassen (,) um noch mehr über Magneten zu erfahren. Im Physikraum hat der Lehrer schon einen neuen Versuch vorbereitet. Senkrecht von der Decke hängt an einem langen Faden ein Stabmagnet herunter. Die Schüler schauen gespannt auf den Lehrer. Dieser stößt den Magneten an. Der Magnet dreht sich. Als er wieder zur Ruhe gekommen ist, darf Paul den Magneten anstoßen. Katrin ist ärgerlich. Sie hätte es auch gerne getan. Paul setzt sich wieder. Nun kommt Katrin dran. Plötzlich hat Paula etwas entdeckt. Sie ruft: „Komisch, jedes Mal, wenn der Magnet anhält, zeigt das grüne Ende zur Tür!“

(126 Wörter)

Erweiterter Diktattext

„Stimmt“, bestätigt der Lehrer, „es zeigt immer nach Süden. Mit frei beweglichen Magneten kann man die Himmelsrichtungen bestimmen, also einen Kompass bauen. Welcher Teil beim Kompass ist der Magnet? Was meint ihr?“

(+ 32 Wörter; gesamt 158 Wörter) Lösung: Kompassnadel

Diktat zu „Fledermäuse bereiten sich auf den Winter vor“

Zwei Wochen später ist es kalt geworden. Klaus Grün macht einen Spaziergang. Er geht durch die Wiesen zum Teich. Plötzlich hört er über sich hohe Töne. Er denkt, das können nur die Kraniche sein, die in wärmere Länder fliegen. Richtig, über ihm kreisen sie. Die Kraniche flattern durcheinander, bevor sie sich zu einem Keil ordnen. In kurzen Abständen wiederholt sich das Schauspiel. Klaus Grün beobachtet lange den Vogelzug.
Schon vor vier Wochen haben sich die Schwalben versammelt und sind in den Süden geflogen.
Sie würden jetzt auch keine Insekten mehr finden. Auch die Fledermäuse hängen schon in ihren Winterquartieren und halten ihren Winterschlaf.
Die Sonne ist untergegangen, es wird langsam dunkel. Einige Zeit später geht Klaus Grün nach Hause. Er fühlt, dass der Winter bald kommen wird.

(127 Wörter)

Diktat zu „Katrin wünscht sich ein Haustier“

Katrin wünschte sich eine Katze. Das kam so: Vor einiger Zeit hatte Katrin ihre Freundin Paula besucht. Paulas Katze saß draußen auf der Fensterbank und sonnte sich. Plötzlich hob sie den Kopf. Sie beobachtete etwas. Lautlos sprang die Katze auf den Rasen, schlich langsam vorwärts, duckte sich und rührte sich nicht mehr von der Stelle. Ihr ganzer Körper war angespannt. Sie lauerte. Was hatte sie entdeckt? Katrin traute sich nicht (,) näher heranzugehen. Auf einmal sprang die Katze ins Blumenbeet. Erschreckt flatterte ein junger Vogel in die Birke. Sofort interessierte sich die Katze gar nicht mehr für das Blumenbeet, sondern spazierte auf Katrin zu, drängte sich an sie und schnurrte. Katrin freute sich und streichelte das weiche Fell der Katze. Katzen mochte sie schon lange.

(124 Wörter)

Erweiterter Diktattext

„Ob man sie in einer Mietwohnung halten kann?“, überlegte sie. Wenn man Haustiere haben wollte, musste man den Vermieter fragen. Das hatte sie einmal in einer Zeitung gelesen. Auch andere Fragen kamen ihr in den Sinn, die sie noch klären musste.

(+ 41 Wörter; gesamt 165 Wörter)

Diktat zu „Stromausfall“

Georg will seinen Freund Tim besuchen. Dieses Mal geht er zu Fuß. Tim wohnt in einem Hochhaus im vierten Stock. Gespannt liest Georg die Namen an der Haustür. Er klingelt bei Tim, die Tür öffnet sich und Georg geht zum Fahrstuhl, der gerade angekommen ist. „Glück gehabt“, denkt Georg und tritt ein. Er drückt auf die Vier und fährt nach oben. Nach kurzer Zeit leuchtet die Eins, der Fahrstuhl bleibt stehen. Normalerweise müsste sich die Tür öffnen, aber sie bleibt geschlossen. Der Fahrstuhl bewegt sich nicht. Auf einmal geht das Licht aus. Georg tastet sich zum Schalter. Jetzt könnte er eine Kerze gebrauchen, doch schon wird es wieder hell und es geht weiter. Vielleicht war irgendwo ein Kurzschluss in der Leitung oder der Strom ist ausgefallen.

(126 Wörter)

Diktat zu „Das Leben am Polarkreis“

Immer mehr Eskimos leben nicht mehr in Zelten und Iglus. Sie wurden an den Küsten des Polarmeeres angesiedelt und wohnen jetzt in festen Häusern. Nur wenige gehen noch auf die Jagd. Sie fahren dann meist mit Motorschlitten. Da jetzt Pelze von Eisbären, Kaninchen, Polarfüchsen und Robben nicht mehr so gut verkauft werden können, jagen sie nur noch zum Vergnügen. Oft werden sie dabei von Touristen begleitet, die ein Abenteuer erleben wollen. Die Besucher können Eisbären schon bei den Siedlungen beobachten, denn die Bären suchen Nahrung auf den Müllplätzen. Damit die Touristen das ursprüngliche Leben der Eskimos kennen lernen können, benutzen sie auch Hundeschlitten und die alten Jagdwaffen. Aus den Zähnen und Knochen der Walrosse und den Geweihen der Rentiere schnitzen sie Figuren, die sie verkaufen.

(125 Wörter)

Diktat zu „Freizeit“

Am letzten Mittwoch hatte Lisa Frederik in den Ruderverein am Murmelsee begleitet. Sie staunte über die vielen Boote, die im Vereinshaus untergebracht waren. Frederik sollte an diesem Tag das erste Mal in einem Viererboot mitrudern. Die vier Jungen trugen das Boot zum See und ließen es ins Wasser gleiten. Nacheinander stiegen sie ein und warteten gespannt auf das Startzeichen des Trainers. Lisa war ganz aufgeregt, obwohl es kein Wettkampf war. Der Trainer gab den Start frei. Die Jungen ruderten kräftig. Das Wasser spritzte bei den ersten Ruderschlägen nach allen Seiten. Nach kurzer Zeit fanden die Vier jedoch den richtigen Takt und das Boot fuhr immer ruhiger und schneller. Lisa klatschte begeistert Beifall. Sie wünschte sich (,) im Boot zu sitzen und überlegte, ob sie nicht auch in den Ruderverein eintreten sollte.

(129 Wörter)

Es gibt zusammengesetzte Nomen mit einer doppelten Bedeutung.
Schreibe sie auf und erkläre sie mit deinen Worten.

3 Was vermutet (meint, weiß, behauptet, erfährt, liest, beobachtet) Katrin alles? Bilde „dass-Sätze".

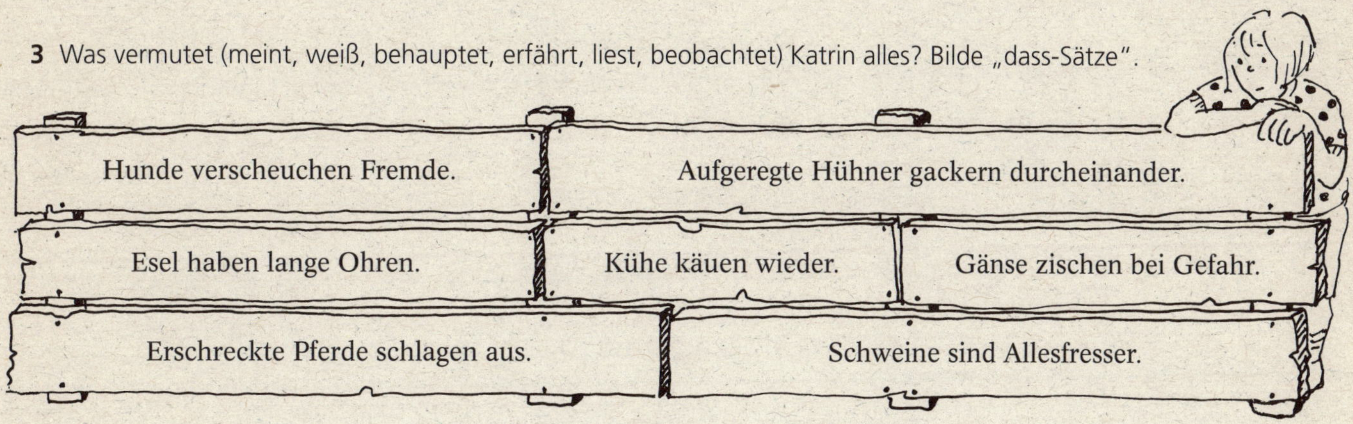

Katrin weiß, dass Esel lange Ohren haben.

Was weißt (vermutest ...) du über Haustiere? Bilde „dass-Sätze".

Ich weiß, dass

4 Silbenrätsel

Bie – Flie – ge – ge – gel – gen –
Gieß – Haus – kan – Kie – Lie – Miet – ne – ne –
ne – nung – re – se – sel – stei – stuhl – tie – Wie – woh – Zie – Zie

Wie nennt man eine Wohnung, für die man monatlich Geld bezahlen muss? ____________________

Wie nennt man Tiere, die mit dem Menschen zusammenleben? ____________________

Suche ein Haustier, das Hörner hat? ____________________

Wo grasen die Kühe? ____________________

Die Kühe vertreiben sie mit dem Schwanz. ____________________

Damit sind die Dächer gedeckt. ____________________

Dieses Haustier liefert Honig. ____________________

Sie liegen auf den Wegen im Bauerngarten. ____________________

Worin trägt man das Wasser zu den Pflanzen? ____________________

In diesem Stuhl ruht man sich aus. ____________________

5 Hier stimmt was nicht! Wie heißen die Sätze richtig? Schreibe sie auf.

Die Kühe fliegen schnatternd aus dem Stall.
Das Pferd spaziert stolz über den Hühnerhof.
Die Gänse liegen wiederkäuend im Gras.
Die Hühner spielen mit dem Wollknäuel.
Der Hund friert ohne seine Mütze an den Ohren.
Der Bauer riecht mit seiner feinen Nase jede Spur.
Die Katzen verlieren während der Mauser ihre Federn.
Der Hahn siegt bei einem schwierigen Springturnier.

____

____

____

____

____

____

____

____

6 Ergänze die fehlenden Verben.

Vergangenheit (Präteritum, Singular)	Gegenwart (Präsens, Singular)	Vergangenheit (Präteritum, Plural)	Grundform (Infinitiv)
du	sie sonnt sich	sie	sich sonnen
du knurrtest	er	sie	knurren
			schnurren
			klettern
			schnattern
			flattern

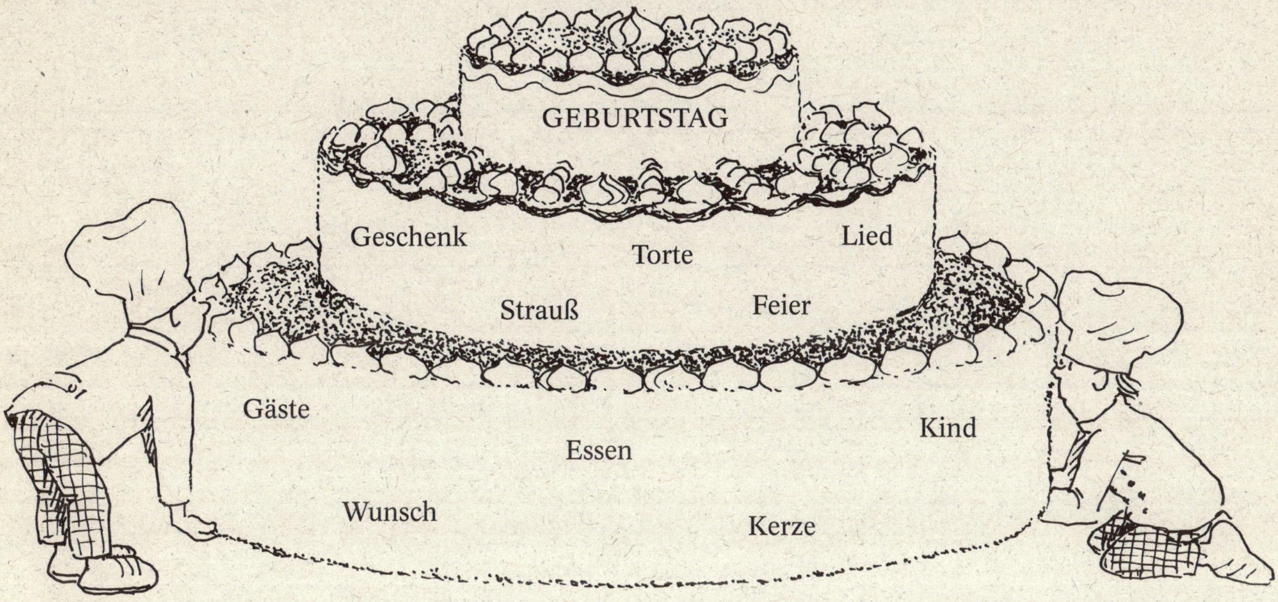

7 Bilde zusammengesetzte Nomen und ordne sie nach dem Alphabet.

Bilde einen Satz, in dem möglichst viele dieser zusammengesetzten Nomen vorkommen.

8 Schreibe folgende Wörter in Druckschrift in den passenden Wortrahmen:

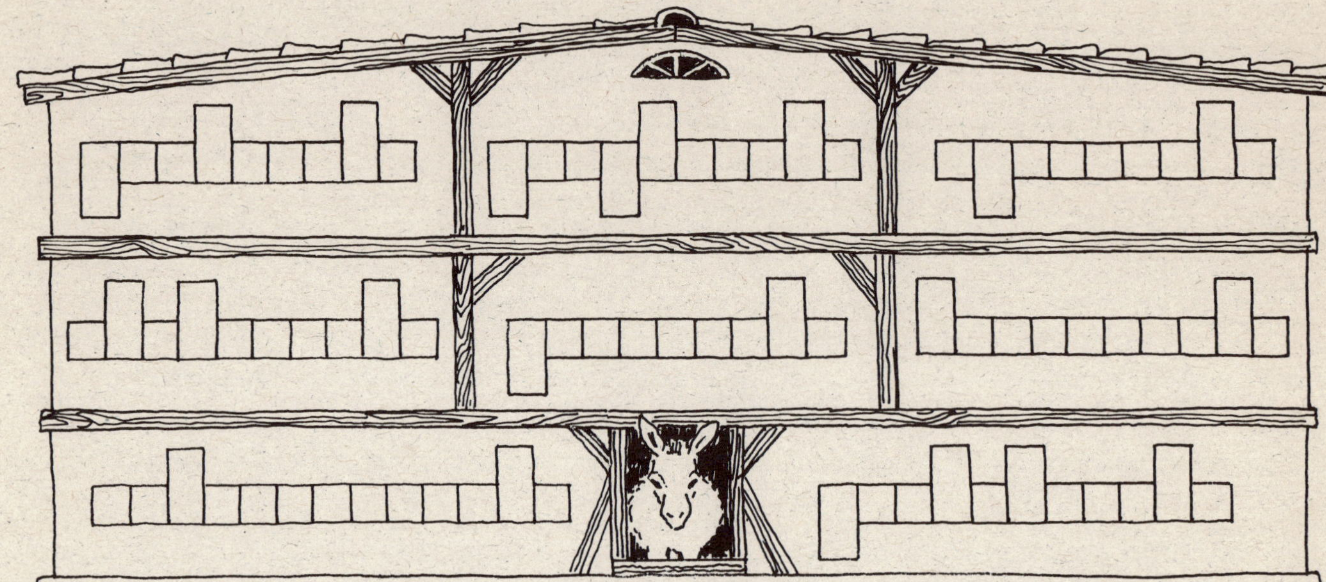

interessierte, spazierte, stolzierte, gratulierte, trainierte, probierte, passierte, jonglierte

9 Schreibe die Wörter von Aufgabe 8 in der Grundform (Infinitiv) auf und überschreibe **ier** farbig.

____

____

____

____

10 Die Schubkarre lässt sich gut bewegen. Vervollständige die Sätze.

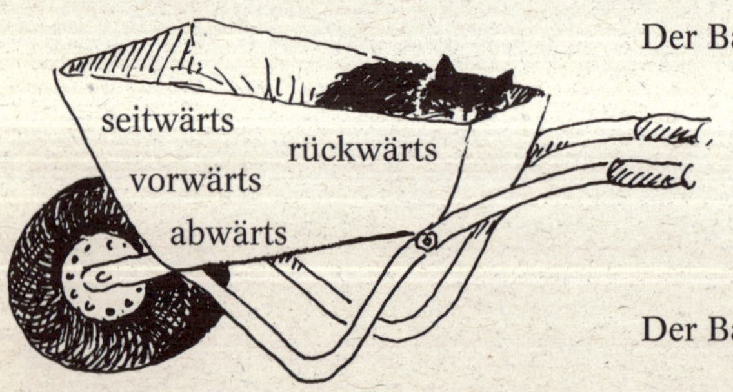

Der Bauer zieht die Karre ________________ aus dem Schuppen.

Sie rollt den Hang ________________.

Sie fährt nicht ________________.

Der Bauer schiebt die Karre ________________.

11 Bilde eigene Sätze mit rückwärts, vorwärts, abwärts, seitwärts.

____

____

____

____

____

12 Setze „Gans" oder „ganz" ein.

Gänse sind ____________ besonders niedlich, wenn sie noch _____________ klein sind.

Sobald sie aus dem Ei schlüpfen, folgen sie dem Lebewesen, das sie zuerst sehen und hören.

_____________ besonders lustig ist das, wenn es ein Mensch ist.

Eine kleine ____________ folgt dann diesem Menschen auf Schritt und Tritt.

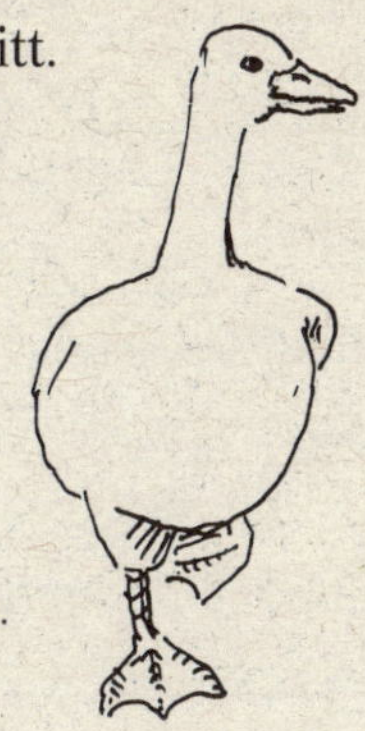

Sie ist ____________ und gar auf ihn geprägt.

Der Mensch ist dann die Ersatzmutter der kleinen _____________.

13 Manchmal ist man sich nicht sicher, wie ein Verb geschrieben wird.
Dann ist es manchmal eine Hilfe, wenn man die Grundform (Infinitiv) bildet.

Vergangenheit (Präteritum)	Grundform (Infinitiv)	Vergangenheit (Präteritum)	Grundform (Infinitiv)
drängte		wusste	
schnurrte		gab	
flatterte		sonnte	
überlegte		hob	
sprang		angespannt	

14 Welche Wörter aus Aufgabe 13 fallen dir schwer?
Übe sie, indem du Sätze mit ihnen bildest oder lass sie dir von deinem Nachbarn diktieren.

____

____

____

____

____

____

Stromausfall

Draußen stürmt es. Georg liegt im Bett und liest in einem spannenden Buch. Plötzlich geht das Licht aus. Er steht auf und tastet sich zur Tür. „Mutter“, ruft er, „die Glühlampe in meinem Zimmer ist durchgebrannt!“ Doch das ganze Haus liegt im Dunkeln. Seine Eltern kommen ihm mit der Taschenlampe entgegen. Sie suchen nach einer Kerze und Streichhölzern. Als sie aus dem Fenster schauen, sehen sie, dass alle Häuser dunkel sind. Vielleicht hat es irgendwo einen Kurzschluss gegeben. Der Strom ist weg. Georg weiß, dass eine Glühlampe nur leuchtet, wenn die Leitung zwischen Stromquelle und Lampe nicht unterbrochen ist. Normalerweise kann er den Stromkreis mit dem Lichtschalter öffnen und schließen. Er kann auch den Stecker herausziehen oder die Glühlampe herausdrehen. Dann geht aber immer nur die eine Lampe an und aus. Dieses Mal muss eine Hauptleitung unterbrochen sein. Als er so weit gedacht hat, wird es auf einmal überall wieder hell. Georg geht zurück ins Bett und liest weiter.

irgendwo, entgegen, Kurzschluss, spannenden, Strom, leuchtet, Leitung, Stromquelle, vielleicht, Streichhölzer, durchgebrannt, normalerweise, Stromkreis, liest, im Dunkeln, Lichtschalter, schließen, draußen, herausziehen, öffnen, herausdrehen, Hauptleitung, tastet, dieses Mal, Kerze, auf einmal, überall, Glühlampe

1 Unterstreiche im Text die Wörter aus dem Kasten.

2 Partnerdiktat – Diktiert euch die Wörter in der Taschenlampe!

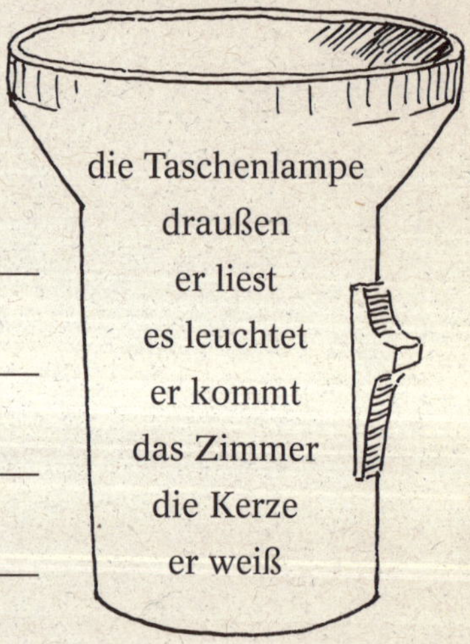

3 Schreibe folgenden Text ab und ersetze drei Wörter durch „irgendwo“, „nach kurzer Zeit“ und „vielleicht“.

Georg sucht seine Taschenlampe. Er denkt: „Möglicherweise liegt sie auf dem Nachttisch.“ Er steht auf und sucht sie. Sie muss im Zimmer sein. Bald hat er sie gefunden. Beruhigt geht er wieder ins Bett.

4 Bilde zusammengesetzte Nomen und schreibe sie mit Artikel auf.

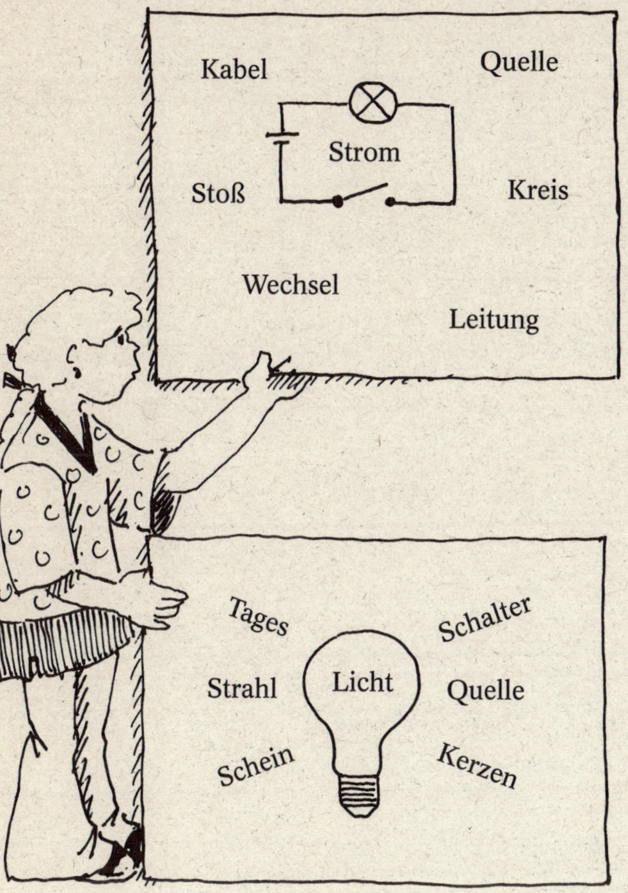

5 Der Staubsauger hat Verben verschluckt.
Bilde neue Verben, indem du die Wörter herein-, heraus- oder herunter- davorsetzt.

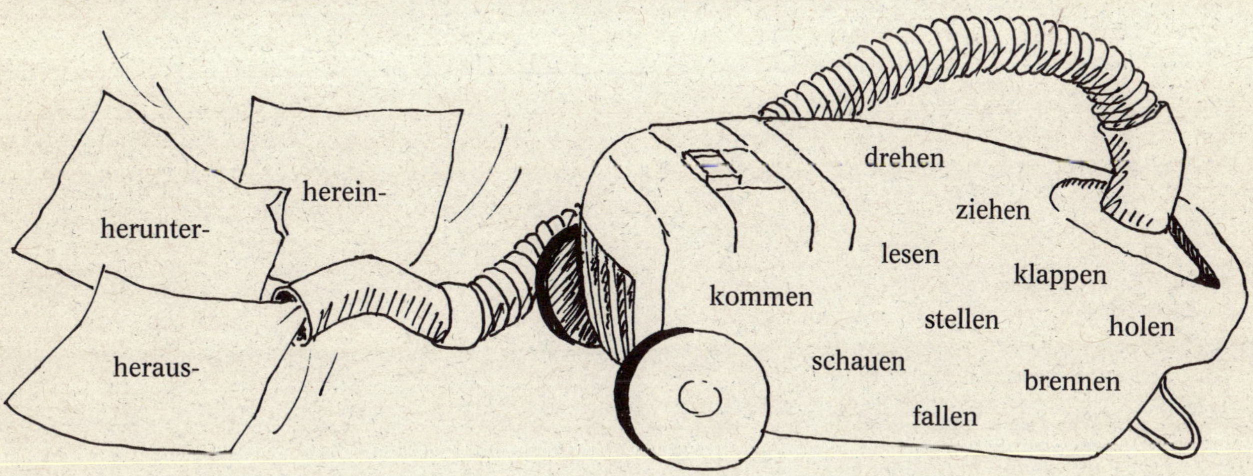

6 Hier sind Silben durcheinander geraten.
Bilde daraus Verben und schreibe die Personalform (2. Person Singular) dahinter.

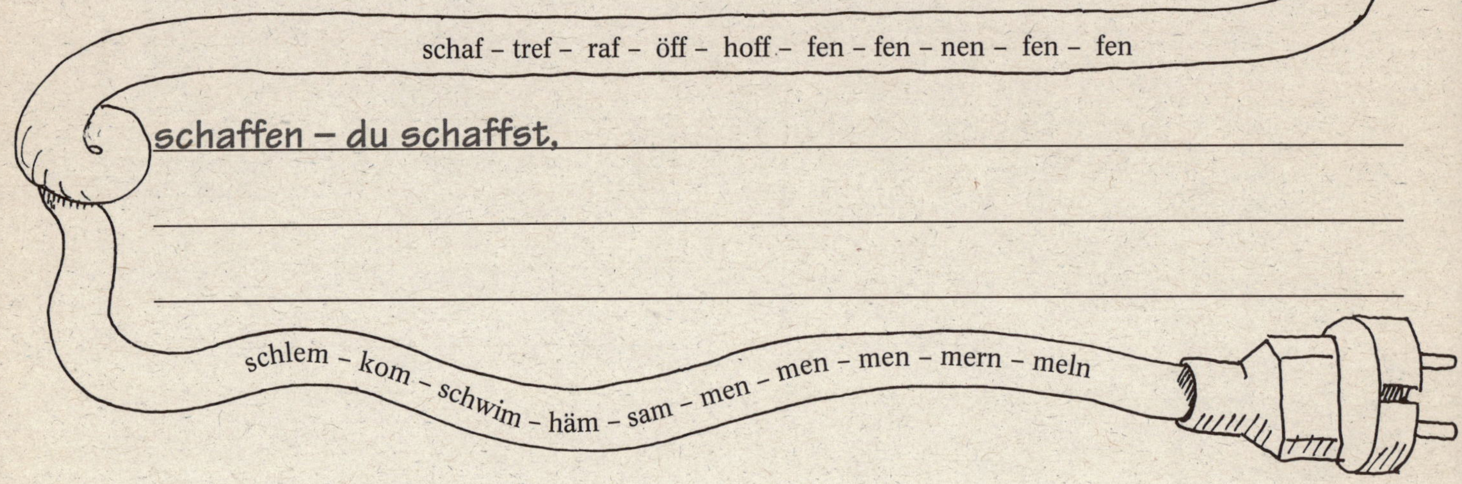

7 Trenne die Wörter, die in der Batterie stehen, und schreibe sie mit Trennstrich auf.

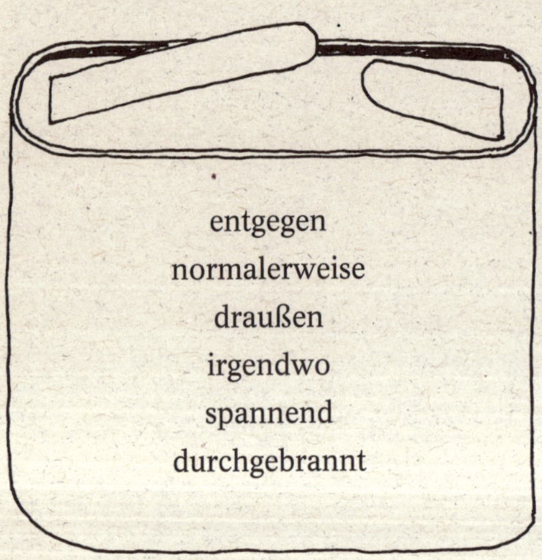

8 Suche Reimwörter zu „tasten“ und „schließen“.

sich ausruhen nennt man
nichts essen nennt man
sich beeilen nennt man

Pflanzen bewässern nennt man
ein gutes Essen kann man
bergab kann Wasser

9 Aus den Nomen kannst du ein Wörterdomino machen. Beginne mit STROM und ende mit THERMOMETER.

KREIS BOGEN HOF SIGNAL BAHN ZEICHEN LAMPEN LICHT FIEBER PAPIER LAUF

Stromkreis	Kreis	
	thermometer	

Bereite ein anderes Wörterdomino vor.

10 Suche Wörter aus der Wortfamilie „leuchten". Benutze das Wörterbuch.

11 Zeichne zu drei Wörtern ein passendes Bild.

12 Schreibe aus einem Wörterbuch Verwandte zu „die Glühlampe" heraus (Nomen immer mit Artikel).

13 Bilderrätsel

14 Ergänze den Lückentext im Fahrstuhl.

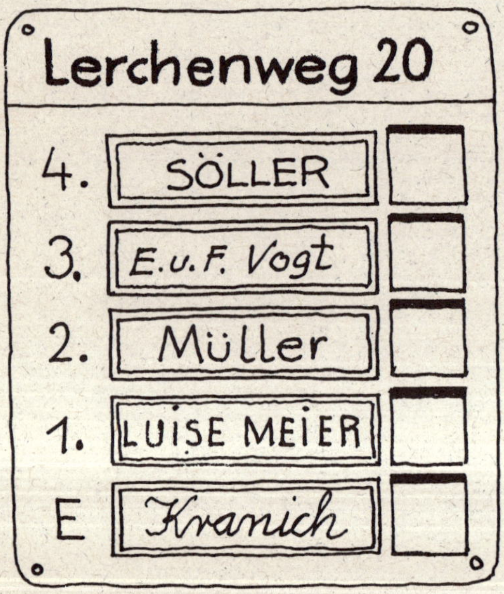

Frau Meier steigt aus – auf der Anzeigentafel des Fahrstuhls

leuchtet im ersten Stock die **Eins** auf.

Frau Müller ist angekommen.

Jetzt leuchtet die ____________ auf.

Frau Vogt ist auf ihrem Stockwerk.

Es leuchtet die ____________.

Herr Söller ist auf seiner Etage.

Es leuchtet die ____________.

15 Schreibe die Zahlen als Wörter zwischen Nomen und Artikel.

die (2) Pole ____________

die (14) Glühlampen ____________

die (18) Klingeln ____________

die (4) Lichtschalter ____________

die (30) Treppenstufen ____________

die (80) Hausbewohner ____________

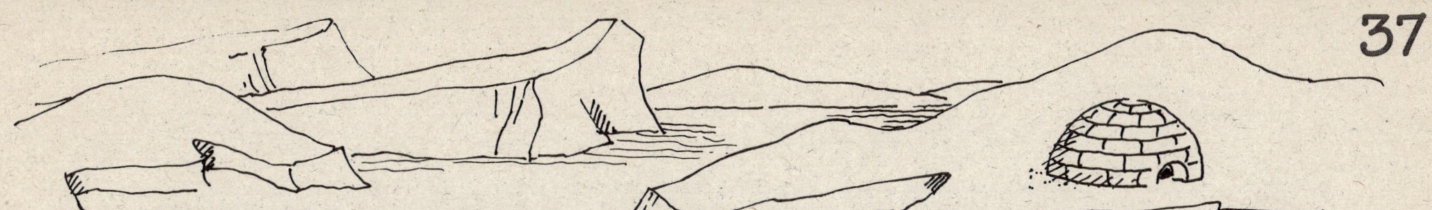

Das Leben am Polarkreis

Das Leben am Polarkreis ist hart. Dort leben die Eskimos, die sich selbst Inuit nennen. Das heißt Menschen. Manche von ihnen leben heute noch so wie ihre Vorfahren.
Im Winter ist die Sonne nur kurz zu sehen. Es gibt sogar Tage, an denen sie gar nicht über den Horizont kommt. Dies nennt man die Polarnacht. Sie dauert am Nordpol ein halbes Jahr. Die Eskimos müssen für den kalten, dunklen Winter gut vorsorgen.
Im Sommer leben sie mit ihren Zelten an der Küste oder in der Tundra und gehen auf die Jagd. Sie fahren mit ihrem Kajak auf das Meer und erlegen Robben, Wale und Walrosse, Eisbären, Kaninchen, Schneehühner und andere Tiere, die dort leben.
Einen Teil der Beute heben die Eskimos für den Winter auf.
Wenn das Land völlig mit Eis und Schnee bedeckt ist, bauen sie Iglus, in denen sie leben. Ihre Vorräte ergänzen sie durch Robben- und Fischjagd. Die Eskimohunde spüren die Atemlöcher der Robben in der Eisdecke auf.

erlegen, Kaninchen, Eisdecke, man, Eskimohunde, Schneehühner, Kajak, Horizont, Eskimos, spüren, nennt, gar nicht, Beute, Robben- und Fischjagd, bedeckt, Vorfahren, Wale, Jagd, Atemlöcher, Polarnacht, völlig, kurz, Iglus, Nordpol, Vorräte, Tundra, vorsorgen, Walrosse, ergänzen, Robben

1 Unterstreiche im Text die Wörter von der Eisscholle.

2 Streiche alle Nomen auf der Eisscholle durch. Ordne die übrigen Wörter alphabetisch und schreibe sie auf.

3 Suche Wörter aus der Wortfamilie Jagd.

4 Silbenrätsel

ben – ben – dra – Es – fah – fuchs – Ig – jagd – jak – Ka – ki – lar – le – lu – mos – Nord – Po – pol – Ren – ren – Rob – Rob – ross – tier – Tun – Vor – Wa – Wal

1. Ahnen: ____________________
2. Nördlichster Ort auf der Erde: ____________________
3. Boot der Eskimos: ____________________
4. Fuchsart: ____________________
5. Winterwohnung der Eskimos: ____________________
6. Bevorzugte Jagd der Eskimos: ____________________
7. Sehr große Meeressäugetiere: ____________________
8. Seehunde nennt man auch: ____________________
9. Landschaftsform: ____________________
10. Anderer Name für Karibu: ____________________
11. Menschen, die in der Arktis leben: ____________________
12. Es hat lange Stoßzähne und ist nicht mit Pferden verwandt: ____________________

5 Schreibe die Wörter aus der Schlittenspur auf.
Achtung, manche werden groß und manche klein geschrieben. Wie viele Nomen sind dabei? __________

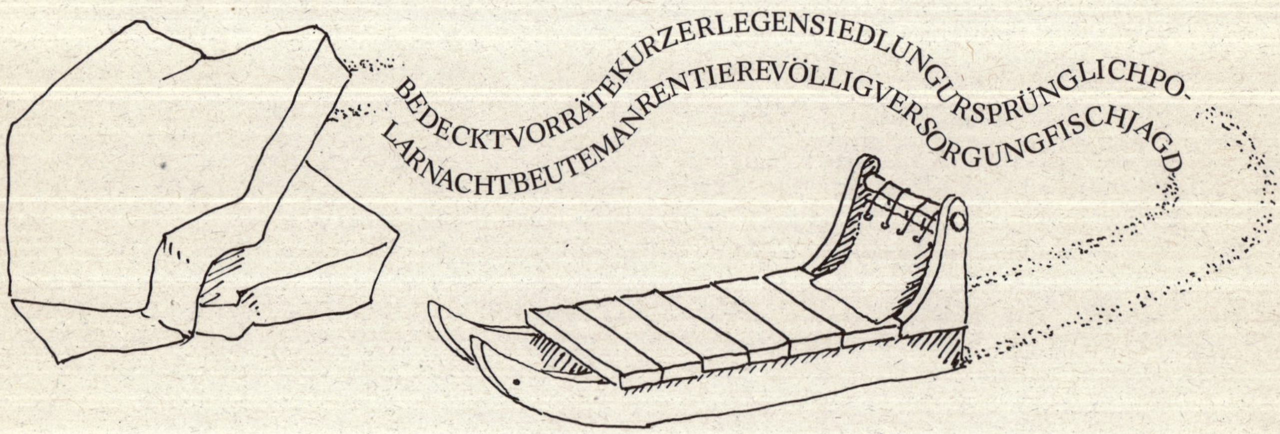

____

____

____

6 Der Fisch hat Verben gefressen. Suche die Reimpaare heraus und schreibe sie auf.

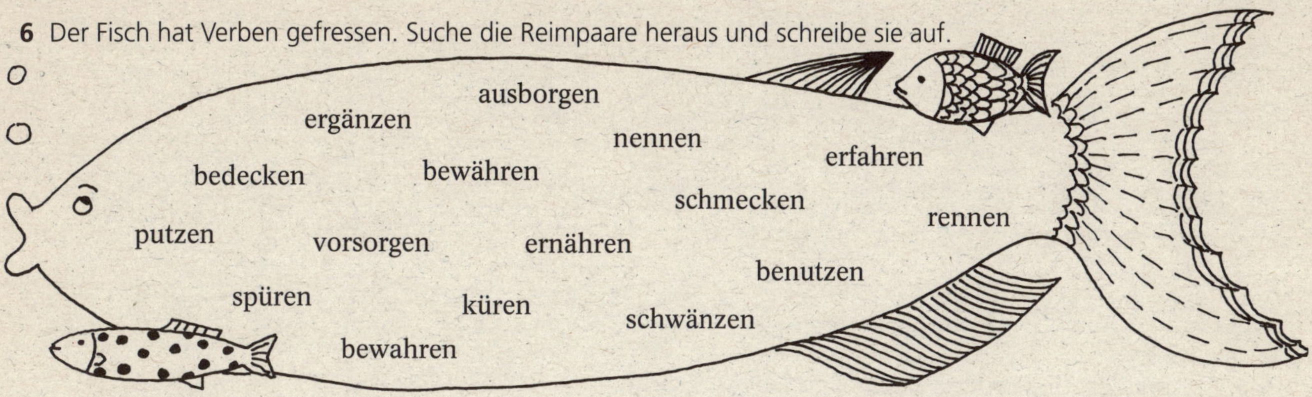

1. ______________________ 5. ______________________

2. ______________________ 6. ______________________

3. ______________________ 7. ______________________

4. ______________________ 8. ______________________

7 Welche Tiere haben sich hier versteckt? Schreibe die Namen auf.

Eisninchen ______________________

Walhuhn ______________________

Robfuchs ______________________

Renbär ______________________

Polarbe ______________________

Kahund ______________________

Schneeross ______________________

Eskimotier ______________________

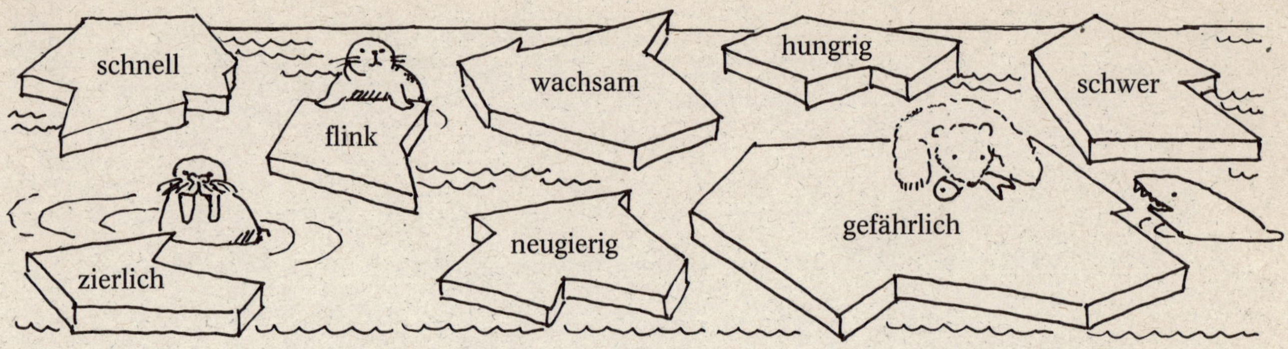

8 Suche zu den Tieren aus Aufgabe 7 die passenden Adjektive. Schreibe sie gemeinsam mit Artikel auf.

9 Bilderrätsel

10 Schreibe den folgenden Text in normaler Schreibweise auf.

Achtung!
Verben werden zu Nomen, wenn man einen Artikel davor setzt.
Manchmal ist er verborgen: zu dem = zum
Zum Bauen der Iglus benutzen die Eskimos Eisblöcke.
bei dem = beim
Die Eskimos beobachten die Seehunde beim Tauchen.

DER ALTE ESKIMO SITZT BEIM
SCHNITZEN VOR DEM ZELT.
ER SCHNITZT DIE FIGUREN
NICHT NUR ZUM VERGNÜGEN.
DIE SCHNITZEREIEN VERKAUFT
ER AN TOURISTEN, WEIL ER
DAS GELD ZUM LEBEN BRAUCHT.
WIE DIE TIERE AUSSEHEN, WEIß ER,
WEIL ER SICH IHRE GESTALT
BEIM BEOBACHTEN EINGEPRÄGT HAT.
SEIN SOHN HAT SICH ZUM JAGEN
IMMER EINEN GESCHNITZTEN SEEHUND
ALS GLÜCKSBRINGER MITGENOMMEN.
VOR EINIGEN TAGEN HAT ER IHN
BEIM ZELTEN VERLOREN.
JETZT WÜNSCHT ER SICH
EINEN GESCHNITZTEN EISBÄREN.

11 An wen verkauft der Eskimo seine Schnitzereien?

12 Bilde mit den Buchstaben des Lösungswortes aus Aufgabe 11 so viele Wörter, wie du finden kannst. Schreibe zuerst das Lösungswort senkrecht auf die Schreibzeilen.

____

____

____

____

____

____

____

____

____

13 Setze die folgenden Wörter in den Text ein.

Eskimos kommen nicht durch den Schnee geritten.

Sie benutzen einen ____________________.

Seehunde haben keine Mähne,

aber in ihrem Maul scharfe ____________________.

Rentiere sausen wie der Wind vorbei.

Der Wind pfeift scharf durch ihr ____________________.

Am Eisloch steht der Eskimo mit seinem Speer,

er jagt Robben aus dem eisigen ____________________.

Freizeit

„Was hast du heute vor?", fragt Lisa Frederik, der gerade seinen Rucksack aufsetzt. „Ich gehe mit Klaus und Andreas rudern. Seit vier Wochen gehören wir zum Ruderverein von Schwanau." Frederik hatte in seiner Freizeit schon immer viel Sport betrieben. Im letzten Jahr hatte er bei Schwimmwettkämpfen sogar einen Pokal gewonnen. Lisa fragt: „Wassersport ist dir wohl am liebsten?" Begeistert erwidert er: „Ja, und seit ich rudern gehe, ist es mir noch klarer geworden. Im Verein rudern wir meist zu zweit. Es gibt auch Vierer- und Achterboote. Das Rudern ist ganz schön anstrengend. Man muss nach dem Eintauchen des Ruders kräftig durchziehen, dann schießt das Boot über das Wasser."

Lisa, die eigentlich Frederik zu einer Radtour überreden wollte, wurde neugierig. An den Rudersport hatte sie noch gar nicht gedacht. Gern würde sie mit den drei Jungen einmal zum Training gehen und sich alles anschauen. Sie sagt es Frederik. Beide verabreden sich für nächste Woche.

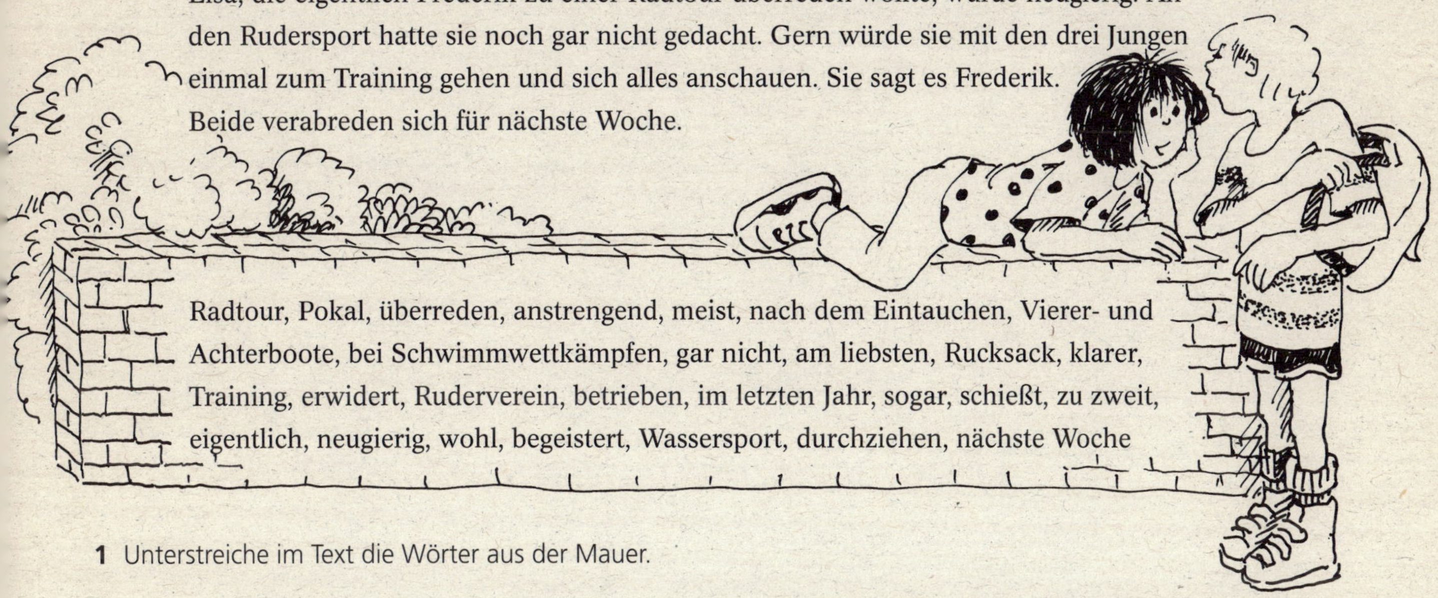

Radtour, Pokal, überreden, anstrengend, meist, nach dem Eintauchen, Vierer- und Achterboote, bei Schwimmwettkämpfen, gar nicht, am liebsten, Rucksack, klarer, Training, erwidert, Ruderverein, betrieben, im letzten Jahr, sogar, schießt, zu zweit, eigentlich, neugierig, wohl, begeistert, Wassersport, durchziehen, nächste Woche

1 Unterstreiche im Text die Wörter aus der Mauer.

2 Schreibe mindestens 15 Verben aus dem Text auf und jeweils die Grundform (Infinitiv) dahinter.

hast – haben,

3 Vervollständige die Tabelle!

Positiv Grundstufe	Komperativ 1. Steigerungsstufe	Superlativ 2. Steigerungsstufe
lieb		
	neugieriger	
		am ruhigsten
klar		
	näher	
viel		
	sportlicher	
herrlich		
		am besten
gefährlich		
	schneller	
		am weitesten
kräftig		

Du stehst am Ufer und beobachtest die Ruderwettkämpfe.
Schreibe auf, was du siehst. Benutze dabei möglichst viele Adjektive.

4 Lisa und Frederik unterhalten sich über das Rudern. Schreibe ihr Gespräch auf!
Denke an die Redezeichen!

Lisa fragt: ____

____?

______________________ erwidert Frederik, ______________________

______________________________.

____

______________, möchte Lisa wissen.

______________, antwortet Frederik. ______________, rufen beide.

Am Abend ruft Frederik bei Lisa an. Schreibe das Gespräch auf.

____

____

____

____

____

____

____

Die Sportvereine von Schwanau bieten eine Sportwoche an.
Das Programm hängt im Schaukasten der Sporthalle aus.

	Montag	Dienstag	Mittwoch	Donnerstag	Freitag	Samstag
vormittags	Eröffnung	Trampolin springen Joggen	Staffelläufe Tischtennis	Krafttraining Handball	Inline-Skaten Tennis	Abnahme des Sportabzeichens
Mittagspause von 12.00 bis 15.00 Uhr						
nachmittags	Judo Schwimmen	Rudern Fußball	Schwimmen Volleyball	Fußball Basketball	Hockey	Abnahme des Sportabzeichens
	Training für das Sportabzeichen					

5 Lisa hat das Programm gelesen und erzählt Frederik davon. Schreibe auf, was sie sagt und benutze Zeitangaben wie die in der Kiste:

montags bis freitags, vormittags und nachmittags, am zweiten Tag, am nächsten Tag, am Donnerstagmorgen, Freitagnachmittag, am letzten Tag

Am Montagvormittag ist die Eröffnung

6 Verbinde je zwei Sätze mit „weil".
Setze ein Komma vor „weil" und achte darauf, dass du im Weil-Satz das Verb umstellen musst.

Frederik findet das Rudern anstrengend. Man **muss** das Paddel kräftig durchziehen.
Im Ruderverein machen sie auch Waldlauf. Man **braucht** im Wettkampf Kondition.
Bei allen Wettkämpfen erreicht Frederik gute Ergebnisse. Er **hat** gut traniniert.
Lisa möchte einmal zum Training des Rudervereins. Sie **hat** viele Fragen.
Sie findet Rudern gut. Man **trainiert** dabei den ganzen Körper.
Hallensportarten gefallen ihr nicht so gut. Man **ist** nicht an der frischen Luft.

Frederik findet das Rudern anstrengend, weil man das Paddel

7 Worträtsel

1. ein anderes Wort für Beginn: ____________________
2. Ballsportart: ____________________
3. Übungsleiter im Sport: ____________________
4. Es hat 365 Tage: ____________________
5. Präteritumform von spritzen: ____________________
6. Infinitiv (Grundform) von klatschte: ____________________
7. Wasserfahrzeug mit vier Sitzen: ____________________
8. Anerkennungsäußerung von Zuschauern für eine gute Leistung: ____________________
9. Sammelname für Sportarten auf und im Wasser: ____________________

8 Schreibe die Sätze ab.

DIE VIER SIND EINE MANNSCHAFT.

DIE ZWEI SIND EIN TEAM.

DIE ELF SIND EINE MANNSCHAFT.

DIE ACHT RUDERN IM TAKT.

9 In den Sportgeräten findest du Satzglieder. Füge sie zu Sätzen zusammen.

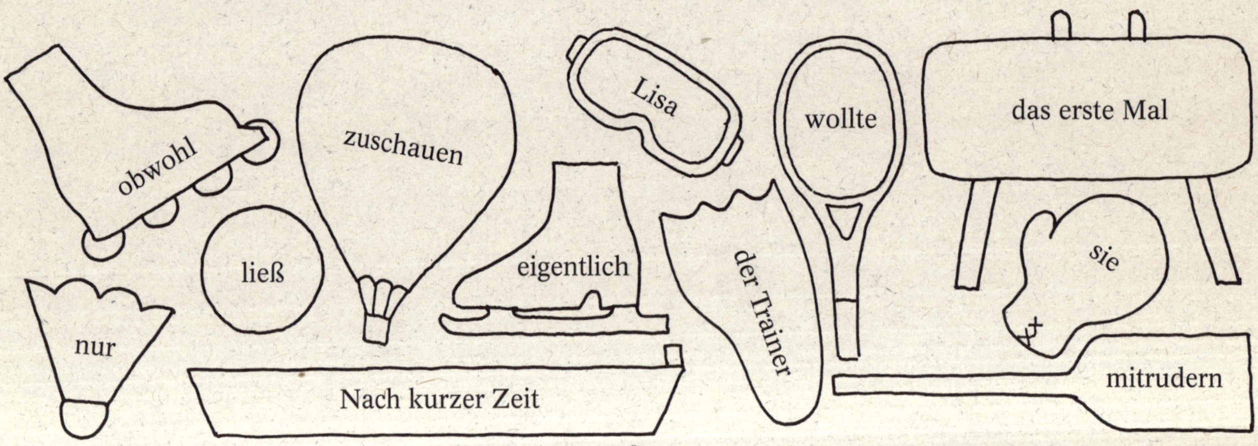

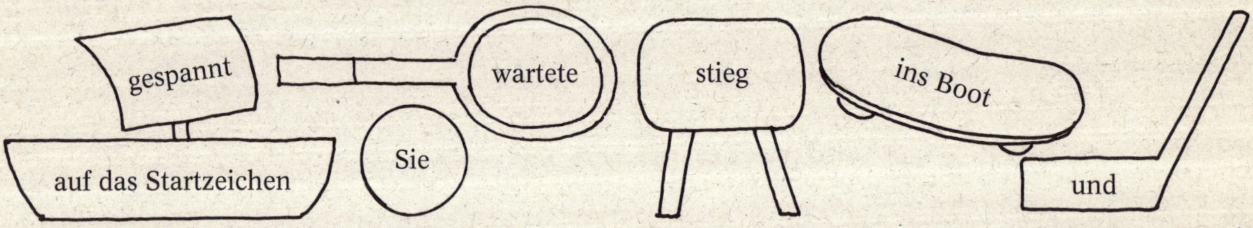

Lösungen

Der goldene Schlüssel

Seite 3, Aufgabe 2: die lange Zeit/eine lange Zeit, ein kleines Dorf/das kleine Dorf, ein einsamer Hof/der einsame Hof, das nächste Dorf, ein steiniger Weg/der steinige Weg, eine piepsige Stimme/die piepsige Stimme, ein großer Stein/der große Stein, ein winziges Männlein/das winzige Männlein, ein hohler Baum/der hohle Baum, ein goldener Schlüssel/der goldene Schlüssel

Seite 5, Aufgabe 4: leben – er lebte; sein – sie war; müssen – wir mussten; rufen – ich/er/sie/es rief, du riefst, wir/ihr/sie riefen; liegen – ich/er/sie/es lag, du lagst, wir/ihr/sie lagen; hören – ich/er/sie/es hörte, du hörtest, wir/ihr/sie hörten; blicken – ich/er/sie/es blickte, du blicktest, wir/ihr/sie blickten; lassen – ich/er/sie/es ließ, du ließest, wir/ihr/sie ließen; führen – ich/er/sie/es führte, du führtest, wir/ihr/sie führten; einladen – ich/er/sie/es lud ein, du ludst ein, wir/ihr/sie luden ein; entdecken – ich/er/sie/es entdeckte, du entdecktest, wir/ihr/sie entdeckten; folgen – ich/er/sie/es folgte, du folgtest, wir/ihr/sie folgten; nicken – ich/er/sie/es nickte, du nicktest, wir/ihr/sie nickten; fassen – ich/er/sie/es fasste, du fasstest, wir/ihr/sie fassten; kommen – ich/er/sie/es kam, du kamst, wir/ihr/sie kamen; wollen – ich/er/sie/es wollte, du wolltest, wir/ihr/sie wollten; gehen – ich/er/sie/es ging, du gingst, wir/ihr/sie gingen

Seite 6, Aufgabe 5: Vater und Mutter sind ein Elternpaar. Bruder und Schwester sind ein Geschwisterpaar. Zwei Socken, die zusammen gehören, sind ein Sockenpaar. Zwei, die ganz besonders gut zueinander passen, nennt man ein Traumpaar. Mann und Frau, die verheiratet sind, sind ein Ehepaar. Zwei Menschen, die gerade heiraten, nennt man Brautpaar oder Hochzeitspaar.

Seite 6, Aufgabe 6: aufmuntern – aufmunternd, leben – lebend, fragen – fragend, rascheln – raschelnd, kommen – kommend, schauen – schauend, entdecken – entdeckend, einladen – einladend, folgen – folgend, nicken – nickend, führen – führend, liegen – liegend, tanzen – tanzend

Seite 7, Aufgabe 7: Ein winziges Weiblein blickt die Prinzessin aufmunternd an. Die Hexe streckte einladend die Hand aus. Das Männlein verschwand mit dem Kopf nickend in einem hohlen Baum. Der Spur folgend kamen die Kinder wieder nach Hause. Unter dem Baum liegend entdeckte er ein Vogelnest. Die Kinder schauten den Zauberer fragend an. Die Zwerge liefen raschelnd durch das Laub.

Seite 7, Aufgabe 8: müssen, musste, gemusst – fassen, das Fass, gefasst – küssen, der Kuss, geküsst – passen, der Reisepass, passend, verpassen – Anlass, lassen, lässt, verlassen – hassen, gehässig, hasserfüllt, der Hass – nass

Die Elefantenjagd

Seite 8, Aufgabe 2: die Jagd – jagen, der Blick – blicken, der Schrei – schreien, die Gefahr – gefährden, die Entdeckung – entdecken, der Plan – planen, die Ernährung – ernähren, der Fund – finden, die Versammlung – versammeln, der Schmuck – schmücken, die Führung – führen

Seite 9, Aufgabe 3: jagen – du jagtest, blicken – sie blickte/n, schreien – ich schrie, gefährden – wir gefährdeten, entdecken – es entdeckte, planen – du plantest, ernähren – sie ernährte/n, finden – ihr fandet, versammeln – wir versammelten, schmücken – es schmückte, führen – sie führte/n

Seite 9, Aufgabe 4: von oben nach unten:
Stachelbeere, Holunderbeere, Preiselbeere, Brombeere, Himbeere, Johannisbeere, Erdbeere, Heidelbeere

Seite 10, Aufgabe 5:
1. Anblick, 2. Augenblick, 3. augenblicklich, 4. Blick, 5. Blickrichtung, 6. erblickte
1. aufschrecken, 2. erschreckte, 3. erschrocken, 4. Schreck, 5. schreckhaft, 6. schrecklich
1. Anführer, 2. ausführen, 3. eingeführt, 4. führten, 5. Führung, 6. geführt
1. einplanen, 2. Plan, 3. planlos, 4. plante, 5. Spielplan, 6. Stundenplan

Seite 10, Aufgabe 6: Hier sind verschiedene Zuordnungen möglich.
die deutliche Spur, das harte Material, die tiefe Schlucht, die rohe Nahrung, die warme Kleidung, der wertvolle Schmuck, der kunstvolle Korb, die dunkle Höhle, der gefährliche Höhlenbär, die schwierige Elefantenjagd, die mühsame Beerensuche, die schwere Speerspitze

Seite 12, Aufgabe 9:
1. Spuren, 2. Wohnhöhle, 3. Jagd, 4. Beeren, 5. Fundstelle, 6. Material, 7. Nahrung, 8. Korb, 9. Werkzeug, 10. Horde

Seite 12, Aufgabe 10: Timo war auf der Bärenjagd. Keno war auf der Wolfsjagd. Urs war auf der Elefantenjagd. Roka war auf der Nashornjagd.
Imo jagt Fische. Turo jagt Kaninchen. Selgo jagt Wildschweine. Keno und Mano jagen Enten.

Seite 13, Aufgabe 11: Einige Tage später kam Selgo von der Wildschweinjagd zurück. Lange Zeit hatte er in seinem Versteck auf Wildschweine gewartet und schließlich Enten gejagt. Plötzlich knackte es im Gebüsch. Sollte es doch noch etwas mit der Jagd werden? Ganz in der Nähe erblickte er einen gefährlichen Keiler. Selgo nahm leise seine Jagdwaffe in die Hand, doch der Keiler verschwand. Der Jäger kroch aus seinem Versteck und lief hinterher. Fest hielt er seinen Speer in der Hand. Er jagte das Tier den ganzen Tag. Endlich erlegte er den erschöpften Keiler. Noch nie hatte Selgo ein Tier so lange gejagt, aber die Jagd hatte sich gelohnt.

Zauberei

Seite 14, Aufgabe 2:
Pappe, Arzt, Geschenk, T-Shirt, Magnet, Zauberhut, Idee, Kurve, Groschen, Figuren, Vorstellung, Zaubertrick

Seite 15, Aufgabe 4: (Die Verbpaare sind im Präsens nach dem Alphabet geordnet.)
bemerkt – bemerkte, besorgt – besorgte, bewegt – bewegte, bleibt – blieb, denkt – dachte, dreht – drehte, entdeckt – entdeckte, fährt – fuhr, fällt – fiel, geht – ging, hat – hatte, ist – war, kann – konnte, lässt – ließ, muss – musste, passt – passte, ruft – rief, schaut – schaute, setzt – setzte, sieht – sah, sitzt – saß, will – wollte, zieht – zog

Seite 15, Aufgabe 5: „Macht es gut!", rief Frau Schneider ihren beiden Mädchen zu und fuhr zum Arzt. Ärgerlich schaute Katrin hinter ihr her. Seit Mutter krank war, musste sie immer auf Tine, ihre kleine Schwester, aufpassen. Und schon rief Tine: „Katrin, was spielen wir?" „Wenn ich das nur wüsste", dachte Katrin: Sie ging in ihr Zimmer und bemerkte das Geschenk ihres Vaters auf dem Schreibtisch. Da hatte sie eine Idee. Sie besorgte sich Pappe und einen Groschen. Schnell zog sie ein schwarzes T-Shirt an und setzte sich den Zauberhut auf. „Abrakadabra, die Vorstellung beginnt!", rief sie laut. Tine setzte sich und schaute gespannt auf Katrins große Pappe. Was sie sah, konnte sie kaum glauben. Ein Groschen saß an der senkrechten Pappe und fiel nicht herunter. Plötzlich bewegte er sich, wanderte hinauf, drehte eine Kurve und blieb in der Mitte stehen. Tine wollte den Zaubertrick immer wieder sehen. Katrin ließ den Groschen jedes Mal neue Figuren tanzen. Dabei passte sie auf, dass Tine ihren Magneten hinter der Pappe nicht entdeckte.

Seite 16, Aufgabe 6: Paul und Paula kommen aus der Pause gerannt. Die Physikstunde beginnt. Der Lehrer behauptet, dass er zaubern kann. Paul erkennt seine Chance und setzt dagegen. Der Lehrer nennt die Versuchsbedingungen. Sofort erinnert sich Paul an eigene Versuche mit seinem Stabmagneten. Er könnte diesen Versuch selbst vorführen. Während die anderen gespannt dem Lehrer zuschauen, lehnt er sich entspannt zurück. Er brennt darauf, den Trick aufzudecken. Auf ein Zeichen des Lehrers kommt er nach vorne und wiederholt den Versuch. „Ich habe nicht geglaubt, dass du gewinnst", sagt der Lehrer.

Seite 16, Aufgabe 7: ärgerlich, Ärger, verärgert, Ärgernis, ärgern – senkrecht, Senkfuß, versenken, versenkt, Senkblei – dreht, verdreht, Drehung, aufdrehen, Drehangel – entdeckt, Entdeckung, Entdecker, entdecken, entdeckte

Seite 17, Aufgabe 8: Waagerecht: Senf, Figuren, ständig, Tor, Kurve, Platz, gespannt, getan, wir, knapp/Knappe, Oellampe/n, Groschen; Senkrecht: wog, tun, Gier, Ärger, Idee, Pappe, Tanne, Not, Tanz, Ärzte

Seite 17, Aufgabe 9: Ständig dreht sich der Magnet. Du musst aufpassen, gleich fällt er herunter. Katrin lässt den Groschen jedesmal/jedes Mal neue Figuren tanzen. Sie muss aufpassen, denn beim Üben fiel der Groschen ständig herunter.

Seite 18, Aufgabe 10: Paulas Fische: jedes Mal (jedesmal), dieses Mal, ein paar Mal, beim letzten Mal, das dritte Mal, manches Mal
Pauls Fische: die Male, einige Male, wenige Male, viele Male, mehrere Male

Seite 18, Aufgabe 11:
Hufeisenmagnet, Magnetpol, Magnetkraft, Magnetnadel, Magnettafel, Türmagnet, Stabmagnet, Magnetfeld, Magnetberg

Seite 19, Aufgabe 12:
Norden und Süden: anhält, anstoßen, aufpassen, bestätigt, erfahren, gekommen, getan, setzt, vorbereitet, vorgeführt
Westen: ärgerlich, beweglich, frei, komisch, krank
Osten: Kompass, Physikraum, Physikstunde, Ruhe, Stabmagnet

Fledermäuse bereiten sich auf den Winter vor

Seite 20, Aufgabe 2:
die Fledermäuse, der Herbstabend, der Ultraschall, die Gegenstände, die Ohrmuscheln, der Fettvorrat, das Winterquartier

Seite 21, Aufgabe 3:
Nomen mit Begleiter: die Fledermäuse, der Biologe, der Herbstabend, der Ultraschall, die Abstände, die Töne, die Gegenstände, die Ohrmuscheln, das Echo, der Schall, das Hindernis, die Insekten, der Fettvorrat, das Winterquartier
Verben im Infinitiv: dämmern, genießen, denken, kreisen, flattern, interessieren, zurechtfinden, orientieren, zurückgeworfen, orten, anfressen, hängen
andere Wortarten: entlang, im, dunkel, kurz, unhörbar, hohe, nah, davon, kopfunter

Seite 21, Aufgabe 4: Die Fledermäuse bereiten sich auf den Winter vor. Ein Tier flattert an den Bäumen entlang. Fledermäuse finden sich im Dunkeln zurecht. Sie stoßen unhörbare Töne aus. Gegenstände werfen die Töne zurück. Die großen Ohrmuscheln der Fledermäuse fangen das Echo auf. Der Schall kommt zurück. Die Fledermäuse fressen sich einen Fettvorrat an.

Seite 23, Aufgabe 5 (Differ.): Sofort denkt er an Fledermäuse und bleibt still sitzen.

Seite 23, Aufgabe 6: der Abstand – die Abstände, der Ton – die Töne, die Fledermaus – die Fledermäuse, der Gegenstand – die Gegenstände, der Fettvorrat – die Fettvorräte, der Garten – die Gärten, der Kopf – die Köpfe, der Baum – die Bäume, der Sturm – die Stürme, der Telegrafendraht – die Telegrafendrähte, der Zugvogel – die Zugvögel

Seite 24, Aufgabe 7: Der Biologe jagt bei Tag nach Insekten. Er sieht einen Schmetterling, springt über das Hindernis und fängt ihn mit dem Kescher. Die Fledermäuse jagen im Dunkeln nach Insekten. Sie stoßen hohe Töne aus und fangen das Echo auf. So orten sie ihre Beutetiere und fangen sie im Flug.

Seite 24, Aufgabe 8:

1. bereits	7. hohe	13. Schall
2. bevor	8. interessiert	14. Schar
3. dämmert	9. kopfunter	15. Schauspiel
4. denkt	10. kurzen	16. schließlich
5. durcheinander	11. nah	17. unhörbare
6. genießt	12. orientieren	18. wiederholt

Seite 25, Aufgabe 9: Der Igel beginnt seinen Winterschlaf, wenn die tägliche Durchschnittstemperatur unter 15 °C sinkt. Das Eichhörnchen wacht im Winter auf, wenn das Wetter schön ist. Der Fuchs frisst sich einen Fettvorrat an, wenn im Herbst der Tisch reich gedeckt ist. Mehrere Vögel stellen auf Körnerfutter um, wenn die Insekten verschwunden sind. Die Frösche wachen aus ihrer Winterstarre auf, wenn im Frühling die Sonne warm scheint. Viele Zugvögel fliegen davon, wenn die Nahrung knapp wird.

Katrin wünscht sich ein Haustier

Seite 26, Aufgabe 2: die Pferdestärke, die Schweineohren/die Schweineborsten, die Kuhfladen, die Eselsohren, die Hühneraugen, die Gänsedaunen, die Entengrütze
Erklärungen: die Schweineohren (Gebäck), die Eselsohren (umgeknickte Seitenecke), die Hühneraugen (Druckstelle am Fuß, verhornte Haut)

Seite 27, Aufgabe 3: Katrin vermutet, dass erschreckte Pferde ausschlagen. Katrin erfährt, dass Kühe wiederkäuen.
Katrin behauptet, dass aufgeregte Hühner durcheinander gackern. Katrin liest, dass Schweine Allesfresser sind. Katrin beobachtet, dass Hunde Fremde verscheuchen. Katrin weiß, dass Gänse bei Gefahr zischen.

Seite 28, Aufgabe 4: Mietwohnung, Haustiere, Ziege, Wiese, Fliegen, Ziegel, Biene, Kieselsteine, Gießkanne, Liegestuhl

Seite 28, Aufgabe 5: Die Gänse fliegen schnatternd aus dem Stall. Der Hahn spaziert stolz über den Hühnerhof. Die Kühe liegen wiederkäuend im Gras. Die Katzen spielen mit dem Wollknäuel. Der Bauer friert ohne seine Mütze an den Ohren. Der Hund riecht mit seiner feinen Nase jede Spur. Die Hühner verlieren während der Mauser ihre Federn. Das Pferd siegt bei einem schwierigen Springturnier.

Seite 29, Aufgabe 6: du sonntest dich, sie sonnt sich, sie sonnten sich; du knurrtest, er knurrt, sie knurrten; du schnurrtest, sie schnurrt, wir/sie schnurrten; du klettertest, er klettert, wir/sie kletterten; du schnattertest, sie schnattert, wir/sie schnatterten; du flattertest, er flattert, wir/sie flatterten

Seite 29, Aufgabe 7: Geburtstagsessen, Geburtstagsfeier, Geburtstagsgäste, Geburtstagsgeschenk, Geburtstagskerze, Geburtstagskind, Geburtstagslied, Geburtstagsstrauß, Geburtstagstorte, Geburtstagswunsch

Seite 30, Aufgabe 8: probierte, jonglierte, spazierte, stolzierte, passierte, trainierte, interessierte, gratulierte

Seite 30, Aufgabe 9: probieren, jonglieren, spazieren, stolzieren, passieren, trainieren, interessieren, gratulieren

Seite 30, Aufgabe 10: Der Bauer zieht die Karre rückwärts aus dem Schuppen. Sie rollt den Hang abwärts. Sie fährt nicht seitwärts. Der Bauer schiebt die Karre vorwärts.

Seite 31, Aufgabe 12: Gänse sind ganz besonders niedlich, wenn sie noch ganz klein sind. Sobald sie aus dem Ei schlüpfen, folgen sie dem Lebewesen, das sie zuerst sehen und hören. Ganz besonders lustig ist das, wenn es ein Mensch ist.
Eine kleine Gans folgt dann diesem Menschen auf Schritt und Tritt. Sie ist ganz und gar auf ihn geprägt. Der Mensch ist dann die Ersatzmutter der kleinen Gans.

Seite 31, Aufgabe 13: drängte – drängen, schnurrte – schnurren, flatterte – flattern, überlegte – überlegen, sprang – springen, wusste – wissen, gab – geben, sonnte – sonnen, hob – heben, angespannt – anspannen

Stromausfall

Seite 32, Aufgabe 3: Georg sucht sein Taschenlampe. Er denkt: „Vielleicht liegt sie auf dem Nachttisch." Er steht auf und sucht sie. Sie muss irgendwo sein. Nach kurzer Zeit hat er sie gefunden. Beruhigt geht er wieder ins Bett.

Seite 33, Aufgabe 4: das Stromkabel, der Stromstoß, der Wechselstrom, die Stromquelle, der Stromkreis, die Stromleitung
das Tageslicht, der Lichtstrahl, der Lichtschein, der Lichtschalter, die Lichtquelle, das Kerzenlicht

Seite 33, Aufgabe 5: Hier sind verschiedene Lösungen möglich.
herausdrehen, herausziehen, herauslesen, herauskommen, herausstellen, herausholen, herausfallen, herausklappen; hereinkommen, hereinholen, hereinstellen, hereinschauen; herunterbrennen, herunterfallen, herunterklappen, herunterdrehen, herunterziehen, herunterlesen, herunterkommen, herunterstellen, herunterholen

Seite 34, Aufgabe 6: schaffen – du schaffst, treffen – du triffst, raffen – du raffst, öffnen – du öffnest, hoffen – du hoffst, schlemmen – du schlemmst, kommen – du kommst, schwimmen – du schwimmst, hämmern – du hämmerst, sammeln – du sammelst

Seite 34, Aufgabe 7: ent-ge-gen, nor-ma-ler-wei-se, drau-ßen, ir-gend-wo, span-nend, durch-ge-brannt

Seite 34, Aufgabe 8: sich ausruhen nennt man rasten, nichts essen nennt man fasten, sich beeilen nennt man hasten Pflanzen bewässern nennt man gießen, ein gutes Essen kann man genießen, bergab kann Wasser fließen

Seite 35, Aufgabe 9: Stromkreis, Kreislauf, Laufbahn, Bahnhof, Hoflicht, Lichtzeichen, Zeichenpapier, Papierbogen, Bogenlampe, Lampenfieber, Fieberthermometer

Seite 35, Aufgabe 10: leuchten, leuchtend, der Leuchter, die Leuchte, die Leuchtfarbe, das Leuchtfeuer, das Leuchtgas, die Leuchtkugel, die Leuchtpistole, die Leuchtrakete, die Leuchtreklame, die Leuchtröhre, der Leuchtschirm, die Leuchtschrift, das Leuchtsignal, die Leuchtspur, die Leuchtstofflampe, der Leuchtturm, die Leuchtziffer, das Leuchtzifferblatt...

Seite 36, Aufgabe 13: der Leuchtturm, der Kurzschluss

Seite 36, Aufgabe 14: Frau Meier steigt aus – auf der Anzeigentafel des Fahrstuhls leuchtet im ersten Stock die Eins auf. Frau Müller ist angekommen. Jetzt leuchtet die Zwei auf. Frau Vogt ist auf ihrem Stockwerk. Es leuchtet die Drei. Herr Söller ist auf seiner Etage. Es leuchtet die Vier.

Seite 36, Aufgabe 15: die zwei Pole, die vierzehn Glühlampen, die achtzehn Klingeln, die vier Lichtschalter, die dreißig Treppenstufen, die achtzig Hausbewohner

Das Leben am Polarkreis

Seite 37, Aufgabe 2: bedeckt, ergänzen, erlegen, gar, kurz, man, nennt, nicht, spüren, völlig, vorsorgen

Seite 37, Aufgabe 3: die Jagd, der Jäger, jagen, gejagt, jagdbar, jagdlich, sowie verschiedene Zusammensetzungen mit Jagd-

Seite 38, Aufgabe 4: 1. Vorfahren, 2. Nordpol, 3. Kajak, 4. Polarfuchs, 5. Iglu, 6. Robbenjagd, 7. Wale, 8. Robben, 9. Tundra, 10. Rentier, 11. Eskimos, 12. Walross

Seite 38, Aufgabe 5: Es sind sieben Nomen in der Wörterschlange enthalten.
bedeckt, Vorräte, kurz, erlegen, Siedlung, ursprünglich, Polarnacht, Beute, man, Rentiere, völlig, Versorgung, Fischjagd

Seite 39, Aufgabe 6: ergänzen – schwänzen, küren – spüren, bedecken – schmecken, vorsorgen – ausborgen, putzen – benutzen, bewähren – ernähren, nennen – rennen, erfahren – bewahren

Seite 39, Aufgabe 7: Eisbär, Rentier, Schneehuhn, Kaninchen, Walross, Robbe, Eskimohund, Polarfuchs

Seite 40, Aufgabe 8: Hier sind verschiedene Zuordnungen möglich.
der wachsame Eskimohund, das schnelle Rentier, der neugierige Polarfuchs, das gefährliche Walross, der hungrige Eisbär, das zierliche Schneehuhn, das flinke Kaninchen, die schwere Robbe

Seite 40, Aufgabe 9: der Hundeschlitten, das Walross, das Polarmeer, der Müllplatz, der Tourist

Seite 41, Aufgabe 10: Der alte Eskimo sitzt beim Schnitzen vor dem Zelt. Er schnitzt die Figuren nicht nur zum Vergnügen. Die Schnitzereien verkauft er an Touristen, weil er das Geld zum Leben braucht. Wie die Tiere aussehen, weiß er, weil er sich ihre Gestalt beim Beobachten eingeprägt hat. Sein Sohn hat sich zum Jagen immer einen geschnitzten Seehund als Glücksbringer mitgenommen. Vor einigen Tagen hat er ihn beim Zelten verloren. Jetzt wünscht er sich einen geschnitzten Eisbären.

Seite 41, Aufgabe 11: Touristen

Seite 42, Aufgabe 13: Eskimos kommen nicht durch den Schnee geritten. Sie benutzen einen Motorschlitten.
Seehunde haben keine Mähne, aber in ihrem Maul scharfe Zähne.
Rentiere sausen wie der Wind vorbei. Der Wind pfeift scharf durch ihr Geweih.
Am Eisloch steht der Eskimo mit seinem Speer, er jagt Robben aus dem eisigen Polarmeer.

Freizeit

Seite 43, Aufgabe 2: hast – haben, fragt – fragen, aufsetzt – aufsetzen, gehe – gehen, hatte – haben, betrieben – betreiben, gewonnen – gewinnen, ist – sein, geworden – werden, erwidert – erwidern, gibt – geben, muss – müssen, schießt – schießen, wollte – wollen, wurde – werden, gedacht – denken, würde – werden, sagt – sagen

Seite 44, Aufgabe 3: lieb, lieber, am liebsten; neugierig, neugieriger, am neugierigsten; ruhig, ruhiger, am ruhigsten; klar, klarer, am klarsten; nah, näher, am nächsten; viel, mehr, am meisten; sportlich, sportlicher, am sportlichsten; herrlich, herrlicher, am herrlichsten; gut, besser, am besten; gefährlich, gefährlicher, am gefährlichsten; schnell, schneller, am schnellsten; weit, weiter, am weitesten; kräftig, kräftiger, am kräftigsten

Seite 45, Aufgabe 4: Lisa fragt: „Kann ich nächste Woche einmal zum Training mitkommen?“ „Ich denke schon“, erwidert Frederik, „aber ich muss den Trainer fragen.“ „Kannst du mich heute Abend anrufen?“, möchte Lisa wissen. „Mache ich“, antwortet Frederik. „Tschüss!“, rufen beide.